Ressonância Harmônica

Você cria sua própria realidade

Hélio Couto

Ressonância Harmônica

Você cria sua própria realidade

5ª edição

São Paulo, 2021

Linear B
editora

Obra registrada na Fundação Biblioteca nacional

Dados Internacionais de Catalogação na Publicação - CIP

C871 Couto, Hélio
Ressonância harmônica: você cria sua própria realidade. 5ª. Edição revisada e atualizada / Hélio Couto. - São Paulo: Linear B Editora, 2021. (Coleção Metafísica). 128 p.

4ª. Edição. 2019 - ISBN 978-85-98232-58-4

ISBN 978-85-5538-303-8

1.Metafísica. 2. Causalidade. 3. Harmonia Cósmica. 4. Desenvolvimento Pessoal. 3. Consciência. 4. Teoria do Conhecimento. I. Título. II. Você cria sua própria realidade. III. Série.

CDU 111 **CDD 110**

Catalogação elaborada por Regina Simão Paulino - CRB 6/1154

RESSONÂNCIA HARMÔNICA

VOCÊ CRIA SUA PRÓPRIA REALIDADE

Ficha Técnica:

Edição

Linear B Editora

www.linearb.com.br

Revisão

Cárita Ferrari

Capa

Carlos Clémen

5ª edição: 2021

Linear B Editora

Rua dos Pinheiros, 1076 cj. 52 • Pinheiros

CEP 05422-002 - São Paulo - SP - Brasil

Tel.: 11 3812-3112 e 11 3812-2817 - www.linearb.com.br

Leia esta nota integralmente antes de solicitar adesão ao processo de Ressonância Harmônica

A Ressonância Harmônica não é medicina, psicoterapia, psicanálise, pensamento positivo, feitiçaria ou magia.

A Ressonância Harmônica é um processo que utiliza ondas de informação que limpam gradativamente crenças limitantes e inserem no indivíduo novas informações para alavancar o crescimento em todas as áreas.

É uma ferramenta que serve a propósitos evolutivos conscienciais/espirituais.

A Ressonância Harmônica, entre outras coisas, fornece ao seu corpo uma oportunidade de retornar ao seu estado ideal de equilíbrio, à vibração natural de saúde. Entretanto, recomendamos que você consulte um médico em todas as questões relativas à saúde.

Desaconselhamos que os usuários da Ressonância Harmônica interrompam parcial ou totalmente quaisquer tratamentos médicos ou psicológicos aos quais estejam sendo submetidos. Seus médicos e/ou prestadores de cuidados de saúde devem continuar a monitorar a sua saúde e a recomendar eventuais modificações no seu tratamento.

Nunca retarde a busca de atendimento médico baseado apenas na sua interpretação sobre o conteúdo do material oficial da RH disponibilizado no *site*.

Nada do que é explicado nos livros, nos áudios, nos artigos e nas palestras é destinado a substituir os serviços do seu profissional de saúde.

Neste trabalho, não fazemos promessas e não damos nenhuma garantia a respeito de quaisquer questões, incluindo as questões referentes à saúde dos usuários.

Você é o único responsável por seus cuidados de saúde e qualquer ato contrário a isso é de sua total responsabilidade.

Hélio Couto

Para mais informações, acesse:

- Plataforma de cursos a distância:
  www.cursosheliocouto.com.br

- *Site* oficial:
  www.heliocouto.com

- *Blog* oficial:
  http://heliocouto.blogspot.com.br

- Facebook oficial:
  https://www.facebook.com/heliocouto

- Twitter oficial:
  https://twitter.com/helio_couto

Se todas as pessoas aprendessem a pensar de maneira não aristotélica sobre a Mecânica Quântica, o mundo mudaria de maneira tão radical que, em geral, o que chamamos de "estupidez" e até uma grande parte do que consideramos como "insanidade" poderiam desaparecer e os problemas "intratáveis" de guerra, pobreza e justiça de repente pareceriam bem mais próximos de uma solução.

Alfred Korzybski

As grandes mentes são como águias e fazem seu ninho em algum alto píncaro solitário.

Arthur Schopenhauer

Depois que o elefante penetrou na tenda, a tenda nunca mais foi a mesma.

Ditado hindu

A maioria das pessoas vive, física, intelectual ou moralmente, num círculo muito restrito do seu ser potencial. Elas fazem uso de uma parte muito pequena de sua consciência possível.

William James

Sou amplo, contenho multidões.

Walt Whitman

Não sigamos para onde o caminho possa conduzir. Sigamos, em vez disso, para onde não existe caminho. E deixemos uma trilha.

Ralph Waldo Emerson

Sumário

Conhecimento

Este conhecimento foi fruto de 50 anos de pesquisa sobre a mente humana e suas possibilidades.

Esta pesquisa foi teórica e prática, sendo eu mesmo o experimentador e o experimento. Sou o laboratório de tudo que está referido neste livro.

Até o momento foram, aproximadamente, 100 mil horas de experimentação prática. Esta foi e é uma pesquisa solitária.

É o preço que o pioneiro paga para ir até onde nunca se foi.

Experimentar todas as possibilidades de *imprinting* ou *re-imprinting* em si mesmo vale por tudo que se passa quando se salta no desconhecido.

Paradoxo

Normalmente quando uma pessoa quer ter luz em uma sala, basta que ela vá até o interruptor e aperte um simples botão. E tem luz.

Ela não precisa fazer um curso de Engenharia Eletrônica nem um de Engenharia Elétrica para ter acesso à luz.

Quando se compra um carro, ninguém discute a qualidade do aço do câmbio nem faz curso de Metalurgia ou Engenharia Mecânica para usar um carro.

Mesmo quando há uma mudança gigantesca de paradigma, como aconteceu quando apareceu a primeira televisão (eu vivenciei isso), ninguém fez curso de Eletrônica para assistir à televisão.

Por incrível que pareça, todo o planeta usa telefones celulares sem nenhuma pergunta de como ele funciona.

E assim por diante...

Acontece que, no caso da Ressonância Harmônica, inúmeras pessoas questionam como pode funcionar. Para acreditarem, necessitariam ler e estudar Mecânica Quântica até um ponto em que só faltaria frequentar uma faculdade para tirar um diploma de físico!

Isso mostra que existe algo muito especial na Mecânica Quântica. O que acontece com ela não acontece com nenhum outro conhecimento. E isso prova que esse conhecimento é o mais poderoso que existe. Essa é a razão de tanta resistência. E prova mais uma vez até que ponto as pessoas se sabotam.

Engenharia da Informação Humana – Acesso e Transferência de Informação

Tudo que existe tem fundamento atômico.

Tudo que existe tem um campo eletromagnético.

Todo campo eletromagnético tem uma Informação Intrínseca.

Tudo que existe emana de um Campo Escalar.

Tudo que existe é uma Onda.

Quando os picos de duas ondas se chocam, cria-se uma interferência construtiva.

Tudo que existe vibra em determinada frequência.

Tudo é Energia e Informação.

Toda Informação existe para sempre.

Toda Informação pode ser acessada independentemente da dimensão em que está, não importando se a Informação é: Local ou Não Local.

Toda Informação pode ser transferida personalizadamente.

Toda Informação pode ser transferida a distância.

Toda Informação pode ser usada independentemente do Tempo.

Existe uma Onda de Possibilidade.

A Onda de Possibilidade transforma-se em Onda de Probabilidade.

Existem Infinitas Possibilidades.

A Onda de Possibilidade transforma-se em Onda de Probabilidade.

Existem Infinitas Possibilidades.

Introdução

A primeira coisa que uma pessoa teria de aprender é que existe o átomo e como ele é/ou funciona. A maioria dos seres humanos não sabe que existe o átomo.

Ele é a substância da realidade. O fundamento de tudo que existe. As leis que regem o átomo regem todo o resto.

Sem entender isso, como entender tudo o mais?

Como resolver as seguintes questões:

O que estou fazendo aqui? Como funciona o mundo?

Onde estou?

De onde vim?

Para onde vou?

Por que sou assim?

Quais minhas limitações?

São realmente limitações?

Podem ser mudadas?

Aonde posso chegar?

Para poder entender esse método, é preciso ter uma Visão Quântica da Realidade, isto é, de como realmente é o Universo e de como ele funciona. Isso significa trocar o paradigma totalmente. Não é uma pequena alteração na visão de mundo. É uma mudança total, pois de uma visão de partícula passamos para visão de partícula e onda ao mesmo tempo. Nós é que escolhemos com que lado da realidade queremos trabalhar. E isso traz consequências de toda ordem.

Se escolhermos o lado partícula (massa ou matéria), limitamos extremamente nossas possibilidades. Ao contrário das infinitas possibilidades da Onda. É o que a humanidade vem fazendo há milênios: age como se só houvesse a partícula e usa a onda somente quando lhe interessa, como no caso da eletrônica e suas aplicações tecnológicas. No resto, todo o paradigma existente é voltado para a matéria, a massa, o materialismo, enfim, onde tudo está separado, e não existe uma unidade fundamental no Universo.

Deste ponto, surgem todos os problemas atuais, como os econômicos, sociais, políticos, educacionais etc. Tudo está contaminado pela visão materialista de que tudo é partícula. Age-se como se não houvesse a onda, mas usam celulares, televisões, rádios, bilhete único do metrô, passe livre no pedágio, *GPS*, telescópios, mísseis e toda a parafernália eletrônica que aparece a cada dia. Usa-se tudo com a maior tranquilidade, esquecendo-se qual é o fundamento que faz tudo isso funcionar. A Onda.

Acontece que a Onda é o fundamento de tudo e a realidade última. A massa é simplesmente uma diminuição de frequência, para que possamos tratá-la também como partícula. É assim que um Oceano Primordial de Energia Infinita, como o Vácuo Quântico, gera o que se convencionou chamar de: massa ou matéria. Como os *quarks*, prótons, átomos, moléculas, células, órgãos e seres. Tudo é formado por uma Onda que vibra de diferentes formas e isso forma o que se chama de massa. E tudo isso é Informação, ao mesmo tempo, que é Energia. Toda Energia é Informação. E nada é fixo, pois tudo vem dessa Onda. Dependendo de como ela vibra, a massa é formada e todas as possibilidades de manifestação estão em aberto. Assim, podemos ter os Elementos da Tabela Periódica da Química, a Eletrônica etc.

Quando se começará a usar o estado de Onda?

Nós damos o primeiro passo aqui e vocês verão que as Infinitas Possibilidades estão em aberto.

Quando se fala de Infinitas Possibilidades em Mecânica Quântica, significa que se o Universo e a Realidade são formados puramente por energia/informação, essa energia se manifesta tanto como onda como partícula. É possível criar qualquer realidade material a partir de um "oceano de energia potencial infinita". Isso é o Vácuo Quântico. De onde tudo emerge. Emergir é só forma de expressão, porque na verdade o Vácuo se organiza em múltiplos níveis, como sistemas dentro de sistemas. Como se fosse uma boneca dentro de outra dentro de outra e assim por diante.

É daí que surge a primeira possibilidade do que chamamos: matéria ou massa. Seja através do *Bóson de Higgs*, seja de supercordas, seja *quarks*, de fato o que importa é que uma onda de energia também pode ser tratada e manipulada como partículas, átomos, moléculas, células, órgão, seres e assim por diante.

Esta realidade tem profundas implicações, porque tudo pode ser tratado como partícula ou como onda. Como massa ou como energia. Todos que já viram um filme, mostrando uma explosão atômica, como aconteceu em Hiroshima em 1945, tem de acreditar que massa é energia, como prova a famosa fórmula de Einstein.

Porém, também existe outra forma de usar uma das quatro forças fundamentais da natureza: o eletromagnetismo. As outras três são: Força Forte, Fraca e a Gravidade. Massa é energia e podemos usar em qualquer desses dois estados. No entanto, quando se fala de eletromagnetismo estamos falando de energia e informação. Tudo é energia e informação. Portanto, podemos tratar tudo que é partícula como onda ou como informação. Existe uma informação intrínseca dentro da onda eletromagnética de qualquer coisa. Essa informação nunca é perdida e permanece para sempre. Devemos sempre considerar que toda nossa percepção envolve a captação de ondas eletromagnéticas, isso significa que já estamos usando e tratando a onda como informação também. Só que não em todo seu potencial.

Tudo vibra e possui uma frequência em hertz. Podemos incorporar a informação por meio da interferência construtiva de duas ondas: a nossa e a da informação que chega a nós. Dessa maneira assimilamos a informação e o conhecimento.

A melhor maneira de apreender um conhecimento é vivenciá-lo. Senão é muito intelectual e abstrato. Quando usamos a Informação, temos certeza de que é assim que o Universo é. Todas as portas se abrem e as infinitas possibilidades são reais para nós.

Durante toda minha vida, pesquisei sobre a mente humana e como utilizar todo o seu potencial. Isso começou quando eu tinha uns 10 anos de idade e já comprava biografias dos grandes homens para entender suas mentes e seu sucesso. Quando se pesquisa sem preconceito ou tabu, a verdade aparecerá mais cedo ou mais tarde, pois uma descoberta leva à outra e assim por diante. Nesse caminho é preciso ir deixando de lado tudo que se mostra ultrapassado ou que não descreve mais a realidade. Foi assim que acabei descobrindo que tudo que existe é Informação.

Minha pesquisa prática de 15 anos, testando todo tipo de frequência, é que me fez compreender como funciona o Universo e acessar as informações.

Encontrei na Física as respostas sobre como é possível fazer tudo que se quer com informação. Durante esses 15 anos, isso foi feito dia e noite, todos os dias do ano sem parar. Pensando e testando. É assim que se descobre como funcionam as coisas.

Ciência pura é algo que não tem limites de forma alguma. É preciso aceitar os fatos que vamos descobrindo e mudar as teorias que já não funcionam em relação aos novos dados. Quem deve decidir os rumos da pesquisa são os resultados alcançados. Ou se quer saber a verdade custe o que custar, ou não é Ciência. É preciso pagar o preço da descoberta, do aventurar-se no desconhecido, de rever e abandonar, às vezes, tudo em que se acreditava. É preciso soltar a bagagem no meio do caminho e estar aberto a todas as infinitas possibilidades.

Quando uma pessoa se apega a determinado paradigma, sua pesquisa está comprometida, porque é preciso aceitar os dados não importando quanto eles estejam fora do paradigma existente. Por exemplo, no momento é muito difícil, para alguns, aceitar as outras dimensões da Teoria das Supercordas. Alguns anos atrás, poucos aceitavam a Mecânica Quântica e hoje todos usam os produtos desenvolvidos a partir da sua descoberta. Portanto, em Ciência falar que é impossível é prematuro. Toda teoria é aprimorada sempre. Todos os dias são descobertos dados que mudam a visão que era tida como certa até aquele momento. Em virtude disso, é preciso experimentar e vivenciar para saber se é possível ou não.

É disto que tratamos neste livro, formas de usar toda a Informação disponível no Universo, para os mais variados fins.

Para melhor entendimento dos leitores é preferível evitar, ao máximo, o uso de termos técnicos. Porém, temos de explicar dessa forma, às vezes, para que as pessoas possam entender que é possível o que explico neste livro. E para isso é preciso compreender que tudo é feito de átomos. Os átomos possuem um campo eletromagnético e que tudo advém de um Campo Escalar ou Vácuo Quântico.

Embora seja complicado de entender, existe muito material de pesquisa citado neste livro que corrobora tudo que é explicado e há, também, minha própria pesquisa no campo da Informação.

Resumindo, usa-se toda a pesquisa de ponta e além da fronteira, para produzirem-se os resultados que se deseja, tais como:

- Mecânica Quântica;
- Eletromagnetismo;
- Ondas Escalares;
- Campos Morfogenéticos;
- Infobrana (Informações Multidimensionais);
- Informação e Magnetismo de um endereço no Continuum Espaço/ Tempo;
- Transferência de Informação através do *Continuum* Espaço/ Tempo Multidimensional;
- Informações Arquetípicas, Bibliotecárias, Cinematográficas, Acadêmicas etc.;
- Informações através da Teoria do Caos;
- Acesso e Criação de Realidades Alternativas;
- Acesso a toda e qualquer Informação desejada;
- Infinitas Possibilidades de Informações e Criação através do Vácuo Quântico.

De qualquer forma, procura-se que toda tecnologia seja de fácil utilização, como apertar um botão e acender a luz. Isso é o que importa para a maioria das pessoas. Uma discussão aprofundada da realidade foge do escopo deste livro e será tratada futuramente.

Os benefícios de usar a Informação são incomensuráveis e precisam estar ao alcance e entendimento de todos os interessados.

Citarei algumas pesquisas de passagem, apenas para que possa propiciar uma expansão de consciência e paradigma, facilitando a percepção de que a Informação existe e pode ser usada.

Holodeck

Na série *Jornada nas Estrelas – A Nova Geração*, existe uma sala na nave em que o computador pode simular qualquer realidade para o visitante.

Essa realidade é tão completa em termos de percepção que todos querem vivenciar as infinitas possibilidades da mente humana.

Nós vivemos algo semelhante e não sabemos que estamos em um: "*holodeck*" criado por nossa própria mente. Isso limita nossas possibilidades, porque ficamos presos numa só "realidade".

Essa ferramenta permite que se saia de determinada "realidade" e possamos experimentar infinitas outras, em todo seu potencial de criação e realização.

Podemos "baixar" qualquer Informação ou Realidade Alternativa e expandir nossas realizações e vivências. Assim, percebemos que existem outras Realidades prontas para serem vividas. Dessa forma, acumulamos Informação, crescemos, evoluímos e nos tornamos mais complexos, segundo após segundo. Isso é inevitável. Só que antes levava muito tempo para vivenciar uma Realidade. Agora podemos exponenciar isso na medida do nosso desejo. Finalmente as Infinitas Possibilidades estão ao nosso alcance.

Abrindo as portas da percepção da Realidade

Todos os seres biológicos estão limitados, normalmente, a só perceber um pequeno espectro eletromagnético da realidade. Nós humanos ouvimos de 20 a 20 mil hertz. Um cachorro ouve mais que isso. Existem animais que não veem as cores que nós vemos e assim por diante. É um parâmetro. Uma limitação codificada no nosso DNA. Dessa forma, o cérebro atua como um filtro ou redutor das ondas e frequências que chegam a nós. Deixando-nos perceber apenas uma pequena fração da realidade que nos cerca. Isso cria uma série de problemas para a compreensão da realidade. Ficamos presos numa caixa de percepção e achamos que é só isso que existe.

Quando temos acesso a outras Informações da realidade, esse véu naturalmente se esvai, pouco a pouco, e passamos a ter acesso a novas camadas ou dimensões da realidade.

Essa é uma vantagem extrema em todos os sentidos. Porque quanto maior a nossa visão do todo, mais eficientes, saudáveis, amorosos, conscientes e felizes somos.

Quando expandimos nossa percepção, vemos e compreendemos como é a realidade, trabalhamos para mudar essa realidade que não nos realiza. Transformando nossa vida em algo realmente digno de ser vivido. Uma vida com sentido, com realizações em todas as áreas, num crescente infinito de complexidade e desfrute.

É por essa razão que quem usa a Ressonância Harmônica expande sua visão de mundo sem cessar. Até um ponto em que é feliz por si só.

Realidade

O Universo e tudo o que existe tem fundamento atômico. Isto é, toda a realidade, nossos corpos, o ar que respiramos, as outras pessoas, o planeta, o Sistema Solar, a galáxia, as outras dimensões etc., tudo é formado por átomos. E diferentes formas de átomos, de moléculas, variando a distância entre os componentes do átomo e sua frequência, composição etc. Isso forma o tecido do *continuum* espaço-tempo e outras dimensões da realidade. O Espaço Calabi/Yau dá ideia de como é construído esse tecido. Também existe a Energia Escura e a Matéria Escura, mas não nos interessam no momento para essas aplicações.

Excelente descrição do mundo atômico é encontrada no livro *A Dança do Cosmos*, de Felix Weber[1]. O importante é a pessoa entender o conceito do átomo e a descrição feita pela Física Quântica.

Quando aprofundamos a observação sobre uma pessoa, vemos os órgãos, as células, depois as moléculas, os átomos, as partículas quânticas, supercordas e depois um Hipercampo Escalar ou Vácuo ou Singularidade ou Campo de Torção ou Campo Unificado.

Para facilitar nosso entendimento, devemos, por enquanto, ficar no nível dos átomos e subpartículas, como *quarks* e *léptons*.

Os átomos são formados por: prótons, nêutrons e elétrons, que se combinam de algumas formas específicas formando os Elementos, que estão na

---

1 WEBER, Felix. *A Dança do Cosmos*. São Paulo: Editora Pensamento.

tabela periódica dos elementos da Química. Manipulando-se os átomos temos todos os produtos químicos, e manipulando-se o campo quântico temos toda a eletrônica.

É muito importante entender a dualidade partícula-onda, já que a energia se comporta como onda e partícula ao mesmo tempo. Da mesma forma, podemos escolher entre energia, matéria ou informação. Sobre vibração recomendo o excelente livro de Itzhak Bentov, *À Espreita do Pêndulo Cósmico*[2].

O Universo é um sistema aberto, porque nada é estático e tudo vibra. Desde as cordas até o Universo inteiro, tudo emite uma vibração em determinada frequência. Tudo está organizado em sistemas dentro de sistemas e desde o nível mais fundamental o que existe é uma energia que vibra. À medida que decresce a vibração, temos novos níveis de organização; podemos utilizá-los e interagir com eles. Por exemplo: os prótons, nêutrons e elétrons são formados por outras subpartículas, tais como: os *quarks* e *léptons* e muitas outras existem. Essas subpartículas também estão vibrando e se transformando o tempo todo. Dessa forma, podemos trabalhar com o nível dos átomos como faz a Química e podemos trabalhar no nível quântico como faz a Eletrônica.

Unindo-se os átomos temos as moléculas, depois as células, depois os órgãos e depois os seres. Trabalhando-se com as células, temos a genética e a biologia, e podemos manipular isso de inúmeras formas quando se entende o DNA, como aconteceu recentemente e começa-se a patentear formas de vida. Como o DNA é um código, ele, também, é aberto e todas as formas de vida e suas características podem ser manipuladas e alteradas. Portanto, a vida biológica também é um sistema aberto.

Vocês já podem perceber que não existem limites em nenhum sentido, nem no micro nem no macro. Desde que podemos manipular as energias primordiais ou o microcosmo, podemos alterar ou criar qualquer coisa desde que entendamos as Leis que regem isso tudo.

No momento, a Física identificou quatro forças fundamentais: Eletromagnetismo, Força Nuclear Forte, Força Nuclear Fraca e a Gravidade.

---

2 BENTOV, Itzhak. *À Espreita do Pêndulo Cósmico*. Editora Cultrix, SP.

Quando entendermos a interação entre todas essas forças, teremos dado um grande passo para compreender tudo. Pesquisem o livro *A Face Oculta da Natureza*, de Anton Zeilinger[3].

É um fato que ondas eletromagnéticas transportam energia e informação. Por exemplo: televisão, rádio, celulares, bilhete único do metrô, passe livre no pedágio, *GPS*, internet sem fio etc. Portanto, tudo que existe no Universo é energia e informação. Tudo está codificado e armazenado de uma forma ou outra. Por exemplo, as transmissões de rádio feitas durante a Segunda Guerra Mundial ainda não ultrapassaram os limites do Sistema Solar. Uma transmissão de Marte para a Terra leva 10 minutos. Isso nos leva a concluir que para nós a transmissão da Segunda Guerra é passado, mas para quem está exatamente no local da onda no momento é o presente e para quem está fora do Sistema Solar é futuro. Tudo depende da Relatividade do Espaço/Tempo. É apenas uma questão de referência local/tempo.

O que nos interessa no momento é o que se pode fazer com ondas eletromagnéticas e escalares. A aplicação prática dessas ondas é praticamente infinita e inicia um potencial infinito de progresso e evolução para qualquer pessoa. Está à disposição de todos, porque justamente o Universo é um sistema aberto, que responde à nossa intenção.

O importante é entender certos conceitos para utilizar os benefícios dessas descobertas. Como esse assunto está na fronteira do conhecimento, é necessário um pouco de explicação, para que as pessoas percebam que é viável o que é explicado aqui.

Da mesma maneira que um programa de televisão, rádio ou celular é transmitido por ondas, isto é, as ondas portam a informação que se codificou e se enviou através delas, é possível uma onda portar qualquer tipo de conteúdo, de conhecimento, de informação em última instância. Uma excelente discussão sobre a informação está no livro: *A Natureza do Espaço e do Tempo*, de Stephen Hawking e Roger Penrose[4].

Quando se entende isso, inúmeras possibilidades se abrem. Um programa de televisão nada mais é que ondas eletromagnéticas transmitidas com

---

3 ZEILINGER, Anton. *A Face Oculta da Natureza*. Editora Globo, SP.

4 HAWKING, Stephen; Penrose, Roger. *A Natureza do Espaço e do Tempo*. Editora Gradiva.

uma informação codificada e que é decodificada pelo nosso televisor. Além disto, nós somos "banhados", o tempo todo, pelas ondas da televisão, do rádio, dos celulares, do *GPS* etc. Estamos imersos em um enorme oceano eletromagnético. Uma onda pode portar um curso de português, matemática, vendas, o Arquétipo de um jogador de futebol, de guitarrista, cantor, vendedor, um livro, um filme, um pensamento, uma emoção, uma consciência, um evento histórico, enfim de qualquer coisa, porque tudo é onda e informação.

Quando duas ondas se chocam em seus picos, chama-se interferência construtiva; somam-se os efeitos ou a amplitude de onda. A revista *Scientific American* publicou, recentemente, matéria sobre os quatro espelhos dos telescópios da ESO no Chile. Quando se faz uma interferometria das quatro ondas dos espelhos de 10 metros cada um, tem-se um resultado como se fosse um espelho de 200 metros. Isso é interferência construtiva.

Podemos usar as ondas para transportar qualquer informação que desejemos. No nosso caso usamos como ferramenta para a educação, os negócios, os esportes, a música etc. A informação pode ser acessada e transferida personalizadamente. Essa é a grande vantagem.

Que a informação pode ser transmitida a distância é algo que já está mais do que provado, tanto pelo uso diário das telecomunicações, como pela Mecânica Quântica, com a comunicação entre duas partículas emaranhadas. Não importa a distância em que elas estejam, quando uma delas sofre uma alteração, a outra, imediatamente, também se altera. Isso acontece de maneira mais veloz que a luz. Portanto, existe uma comunicação não local entre elas, como dizem os físicos, e não local é uma forma de dizer que não é deste Universo ou desta Dimensão.

É possível usar qualquer conhecimento e transmiti-lo, porque tudo basicamente é eletromagnético e/ou escalar. Portanto, toda Informação, seja ela de que forma for, mental, emocional, espiritual etc., pode ser transferida. Tudo que existe é pura energia. Se é energia é informação. E não importa em que dimensão, brana ou tempo está.

Cada informação que recebemos de um Arquétipo cria um novo Túnel de Realidade, que provoca um salto quântico em nosso eu e altera o mundo ao nosso redor. Nós mudamos a nossa realidade quando mudamos de

Arquétipo. Veja descrição elaborada em: *Psicologia Quântica*, de Robert Anton Wilson[5].

Pesquisas

Toda a eletrônica prova que Mecânica Quântica funciona e descreve a realidade.

O que falta é a aplicação em outras áreas de atuação humana. Como sempre se diz, existem infinitas possibilidades de aplicação e, neste livro, discorremos sobre algumas delas.

Isso fará com que um novo paradigma seja instalado e tenhamos progresso infinito.

A prova da Transferência de Informação a Distância

A mudança ocorrida depois de recebermos as frequências com as informações que pedimos prova cabalmente que a realidade é como é descrita aqui. Não pode haver efeito sem causa. As transformações são profundas em todos os sentidos e áreas de atuação humana. E acontecem no mais profundo nível e de maneira permanente. E pode ser repetido *ad infinitum*.

Repetindo: tudo é Informação. Tudo que existe, todos os sentimentos, todos os pensamentos, todas as coisas, todas as dimensões, todos os comportamentos, toda a consciência, enfim, tudo. Mudando-se a Informação muda-se o resultado. Finalmente, a solução de todos os problemas está ao nosso alcance. Todas as portas estão abertas.

E consegue-se isso tratando tudo como onda. O Universo inteiro é uma Onda. Sem limites, sem fronteiras, sem tempo.

---

5 WILSON, Robert Anton. Psicologia Quântica. Ed. Madras.

Campos eletromagnéticos portadores de Informação

Em 1908, o físico Joseph John Thompson, prêmio Nobel de Física em 1906, especulou em discurso, perante a Assembleia da Sociedade Britânica para o Progresso da Ciência, sobre a possibilidade de que campos eletromagnéticos fossem portadores de informações entre pessoas.

Pessoas correlacionadas

Pesquisas realizadas no Instituto de Ciências Noéticas mostraram que dois parceiros correlacionados, mesmo quando separados por escudos eletromagnéticos e acústicos, mostravam a mesma reação a um potencial evocado. O EEG (eletroencefalograma) dos dois demonstrou isso claramente. Essa experiência está relatada na página 141 do livro *Mentes Interligadas*.[6] Portanto, existe uma conexão mental entre duas pessoas que se correlacionem.

Energia é Informação

Alguns físicos já estão ponderando que a realidade seja de pura informação. Pesquise na página 148 do livro *Mentes Interligadas*[7].

Pressentimento

Teste realizado com minhocas mostrou que elas tiveram resultado consistente com os resultados humanos. Esse teste foi realizado para testar a hipótese do anestesista Stuart Hameroff, da Universidade do Arizona, e do

6 RADIN, Dean. *Mentes Interligadas*. Ed. Aleph

7 Ibidem.

matemático Sir Roger Penrose, da Universidade de Cambridge. Pesquise na página 171 do livro *Mentes Interligadas*[8].

Outra experiência mostrando o processamento de informações emocionais futuras está relatada na página 173 do livro *Mentes Interligadas*[9].

E os cérebros podem responder a eventos futuros, como está na página 179 do livro *Mentes Interligadas*[10].

Mente Holográfica

Karl H. Pribam, professor emérito de Psicologia e Psiquiatria na Universidade de Stanford, desenvolveu um trabalho sobre a natureza holográfica da realidade. Desenhou um modelo de como as memórias ficam armazenadas no cérebro.

Dupla fenda

Esse experimento foi realizado pela primeira vez em 1805!

Pode-se ver um desenho animado sobre o experimento no filme *Quem Somos Nós?*, versão estendida, ou no *site* do filme.

Essa experiência mostra que um elétron passa por duas fendas ao mesmo tempo! Demonstrando que tudo é partícula e onda ao mesmo tempo e nós é que escolhemos com qual realidade queremos trabalhar.

Tudo emite uma frequência e pode ser usado assim.

Mesmo quando o fóton já passou pela(s) fenda(s), antes que seja registrado como passou (se partícula ou onda) e faça-se uma mudança na(s) fenda(s), ele refletirá o estado final da(s) fenda(s). Isso é o que se chamou de:

8 Ibidem.

9 Ibidem.

10 Ibidem.

Experimento de Escolha Retardada. O fóton se comporta como queremos, mesmo que já tenha passado pela(s) fenda(s). Isso significa que o fóton está entrelaçado consigo mesmo, no espaço e no tempo. Pesquise o experimento na página 215 do livro *Mentes Interligadas*[11].

A onda ou frequência de um livro, por exemplo, tem toda a informação do livro. Isso é válido para qualquer coisa no Universo. Tudo é Informação. Qualquer curso, matéria, pensamento, sentimento, emoção, pessoas, Arquétipos, eventos, manuais, habilidades, passado, presente, futuro etc. Portanto, pode-se ler o livro ou receber a onda do livro. A informação é armazenada na nossa mente para uso quando for requerida. Toda nossa intuição passa a contar com aquela informação e faz as análises de acordo com a nova informação armazenada.

No experimento ótico de interferência realizado em 1991 por Leonard Mandel, aconteceu que só o fato de existir um detector que permitiria determinar a trajetória da luz fez com que as franjas de interferência desaparecem antes de se medir. Isto é, só o fato que termos a intenção de determinar a trajetória faz com que o fóton não se comporte mais como onda, e sim como partícula.

Esse experimento também foi confirmado em 1998, por Dürr, Nunn e Rempe da Universidade de Konstanz. Bastou preparar o átomo para ser medido e a interferência desaparece. Devo ressaltar que o detector nem havia sido acendido. Somente a intenção de medir já afetou o átomo. Citado por Ervin Laszlo no livro *La Ciencia y El Campo Akásico*[12].

Emaranhamento Quântico

Este experimento mostra que, quando se correlaciona duas partículas, o *spin* (momento angular) fica emaranhado entre as duas e quando são disparadas em direções opostas, não importa a distância entre elas. Elas

11 Ibiden.

12 LASZLO, Ervin. *La Ciência y El campo Akásic*. Ediciones Nowtilus. P. 119.

continuam em comunicação entre si, pois quando se muda o *spin* de uma o outro se ajusta imediatamente, mais veloz que a velocidade da luz. Isso significa uma comunicação não local, na terminologia dos físicos.

Vejamos o que relata Dean Radin, na página 25 do livro *Mentes Interligadas*[13].

Já foram entrelaçados trilhões de átomos em forma gasosa.

Em condições naturais em átomos de sal.

Fótons emaranhados atravessaram uma chapa metálica e continuaram emaranhados.

Fótons continuaram emaranhados depois de transitarem por 50 quilômetros de fibras óticas.

Fótons continuaram emaranhados mesmo em total liberdade na atmosfera.

Moléculas orgânicas foram emaranhadas.

A computação quântica ficou mais fácil com um experimento de emaranhamento de quatro fótons.

E o físico Johann Summhammer propôs que haveria vantagens em usar o entrelaçamento em reações bioquímicas nas células ou nos órgãos. Entre neurônios distantes entre si, entre membros de diferentes espécies, entre sistemas vivos e o mundo inanimado (*Mentes Interligadas*[14]).

Os campos eletromagnéticos do cérebro estão entrelaçados com o Universo, porque esses campos interpenetram todos os campos eletromagnéticos que existem. Dessa forma, o Universo permanece entrelaçado. Veja na página 262 do livro *Mentes Interligadas*[15].

E o físico Johamm Summhammer, no artigo *Quantum cooperation of insects*, mostra as vantagens que os insetos teriam se trabalhassem de maneira entrelaçada. Veja na página 266 do livro *Mentes interligadas*[16].

Em experiência citada no livro *La Ciência y El Campo Akásico*[17], de Ervin Laszlo, feita por Radin, uma pessoa criava um boneco de si mesma,

---

13 Ibidem.

14 Ibidem.

15 Ibidem.

16 Ibidem.

17 LASZLO, Ervin. *La Ciência y El campo Akásic.* Ediciones Nowtilus. P. 119.

que o representa. Então, um curador pegava o boneco e ia para uma sala eletromagneticamente protegida e a outra pessoa ficava em uma sala distante com aparelhos de medição conectados a si mesmo. O experimento mostrou que quando o curador passava a mão pela face, ombros e cabelos do boneco enviando pensamentos de cura, a pessoa distante sentia os efeitos, pois os aparelhos mostravam uma atividade no sistema nervoso autônomo! A distância entre o emissor e receptor não importa. O boneco e o receptor estavam emaranhados.

Isso torna óbvio que se toda a energia veio de um único evento como o *Big Bang* primordial, tudo está emaranhado e correlacionado no Universo. Existe uma Unidade Fundamental interligando tudo e, portanto, a Informação pode ser transferida sem nenhum limite.

Superposição

Como o elétron está em todos os estados possíveis no experimento da Dupla Fenda – pois passa só por uma, pelas duas, retroage no tempo no experimento de tempo retardado (onde a fenda é aberta ou fechada depois que ele já passou e ele se comporta como se já soubesse o que iria acontecer) –, significa que há uma superposição do elétron, estando ele em todas as posições ao mesmo tempo.

Efeito Zeno-Quântico

Testado em laboratório, esse efeito mostra que o ato de observar, sem interrupção, um átomo, faz com que ele fique nesse estado para sempre.

Não há transições para outros estados. O observador congela a realidade e impede as transformações que poderiam ocorrer. E como emitimos determinada frequência se a mantivermos assim, o resultado não mudará.

Isso explica a questão de pôr o foco onde se quer resultados. Veja a página 254 do livro *Mentes Interligadas*[18].

Quando se deseja algo material, como casa, carro, apartamento, viagem etc., deve-se apenas desejar e sentir que já se conseguiu a coisa. Acreditar que o carro já está na garagem, que o apartamento já foi adquirido. Depois solte, deixe que o Universo manifeste na forma de matéria ou massa, aquilo que você já criou na forma de onda. Não gere ou produza o Efeito Zenão, porque senão você "congela" o que desejou e aquilo não acontece.

Teoria Observacional

A Teoria diz que o ato de observar um evento quântico altera o resultado probabilístico. Foi feito teste gravando *bits* aleatórios por computador num arquivo magnético, sendo que 50% eram zeros e 50% eram uns. 0 e 1. Depois que os *bits* já estavam registrados é que era feita a escolha retardada e foi um sucesso. A escolha após a gravação afetou a quantidade de zeros e uns gravados anteriormente. Veja a página 246 do livro *Mentes Interligadas*[19].

Experimento com hemácias

Esse experimento foi feito pelo Dr. William Braud, citado no livro *O Coração da Mente*, de Russel Targ[20].

As células sanguíneas eram colocadas em ambiente hostil onde morreriam se não houvesse alguma intervenção. As pessoas deveriam focalizar sua atenção em algumas delas e procurar que vivessem o máximo possível.

---

18 Ibidem.

19 Ibidem.

20 TARG, Russel. *O Coração da Mente*. Ed. Cultrix.

Os resultados mostraram que o fato de focalizar a atenção aumentou o tempo de vida das hemácias.

Experimento com bactérias

Este experimento foi feito pelas pesquisadoras Dra. Elizabeth Rauscher, física, e pela bióloga Dra. Beverly Rubik. Citado em *O Coração da Mente*[21].

Bactérias E. Coli foram envenenadas com antibióticos e todas morreriam dentro de certo tempo. A focalização da Sra. Olga Worrrall fez com que um número significativo de bactérias permanecesse vivo por um período maior.

Experimento com ratos anestesiados

Os pesquisadores Anita e Graham Watkins pesquisaram como a focalização da intenção de acordar os ratos poderia influir sobre os ratos anestesiados para acordarem mais cedo. Citado em *O Coração da Mente*[22].

Os resultados foram também significativos, mostrando que a intenção de acordar os ratos fez efeito sobre eles.

Informação não se perde

Segundo a Mecânica Quântica, os estados quânticos evoluem de maneira que nenhuma informação poderia se perder. Em princípio, a informação permanece na espiral de fumaça de uma biblioteca ou livro queimados.

---

21 Ibidem.

22 Ibidem.

Veja a revista *Scientific American* – novembro de 2009 – *Estrelas Negras Não Buracos*.

O Universo como um gigantesco holograma

Os físicos Leonard Susskind e James Lindsay, no livro *An Introduction to Black Holes, Information and the String Theory Revolution: The Holographic Universe*[23], propõem que ondas quânticas microscópicas poderiam conter toda a informação do Universo.

Isso leva ao seguinte raciocínio: todos os pensamentos e sentimentos são ondas quânticas e já estão gravados para sempre; não importando o passado, presente ou futuro ou as diversas dimensões da realidade.

Essas dimensões são constituídas de "grânulos" do tecido espaço-tempo. No Espaço de Planck. São dodecaedros que formam o tecido e que podem variar de formato de inúmeras formas. Como cada forma emite uma frequência, podemos ter infinitas dimensões de acordo com o formato de cada "grânulo".

O Todo e a Parte In-formada

O Todo tem o Potencial Infinito de Informação e Possibilidades. Para que essas possibilidades possam se manifestar, é preciso que as partes tenham livre-arbítrio relativo. Cada Parte tem uma parte da informação total. Quanto mais as Partes tiverem mais informação, mais elas estão perto do Todo. Até um ponto em que não há mais diferenciação entre Um e Outro. Neste ponto eles são Um.

---

23 LINDESAY, James; SUSSKIND, Leornard. *An Introduction to Black Holes, Information and the String Theory Revolution: The Holographic Universe*. World Scientific Publishing Company, 2004.

Eles compartilham a mesma e toda informação. É por isso que evoluímos. Para acrescentar informação a nós e, gradativamente, entrarmos em fase com o Todo.

A Ressonância Harmônica permite acelerar esse processo de maneira exponencial.

Microfone Quântico

A revista *Scientific American* de julho de 2010 traz um artigo sobre um objeto visível a olho nu e com tanta "estranheza quântica" quanto um átomo. Esse objeto é formado por 10 trilhões de átomos e é um ressonador quântico. Ele permite captar a vibração de quanta individuais, como o que acontece com as moléculas durante uma reação química. O físico Wojciech Zurek, do Laboratório Nacional de Los Alamos, disse: "Confirma aquilo em que muitos de nós acreditamos, mas alguns continuam a não aceitar – que nosso Universo é essencialmente quântico".

Princípio da Incerteza

Foi o físico Werner Heisenberg, Prêmio Nobel Física, que definiu esse princípio fundamental da Mecânica Quântica. Não podemos saber a posição e o *momentum* da partícula ao mesmo tempo. Ou sabemos um ou outro. Isso faz com que a Incerteza seja a natureza do Universo.

Não Localidade

Alain Aspect executou um experimento que mostra a conexão entre dois objetos sem troca de sinal entre eles. Eles estão correlacionados não localmente. Duas partículas correlacionadas mudam de estado simultaneamente, com troca de estado dos seus *spins* de maneira mais veloz que a velocidade da luz. Veja página 149 do livro *O Universo Autoconsciente*, de Amit Goswami[24].

Condensado de Bose-Einstein

O Dr. Jeffrey Satinover relata no seu livro *A Verdade por trás do Código da Bíblia*[25] que dois átomos podem de fato coexistir no mesmo lugar. Cita um condensado de 16 milhões de átomos, grande o suficiente para ser visto a olho nu e fotografado.

Princípio da Inseparabilidade do *Quantum*

Descrê a impossibilidade da separação do observador e o observado. Descrito pelo Dr. Nick Herbert.

Salto Quântico ou Tunelamento Quântico

É o que acontece quando um objeto quântico desaparece de um lugar e aparece simultaneamente em outro sem passar pelo espaço entre eles. Página 28 do livro *O Universo Autoconsciente*, Amit Goswami[26], e página 188 do livro *O Cérebro Quântico*, de Jeffrey Satinover[27].

---

24 GOSWAMI, Amit. *O Universo Autoconsciente*. Editora Aleph, São Paulo.

25 SATINOVER, Jeffrey. *A Verdade por trás do Código da Bíblia*. Ed. Pensamento.

26 Ibidem.

27 SATINOVER, Jeffrey. *O Cérebro Quântico*. Ed. Aleph.

Para citar como exemplo prático, isso é o que acontece com a energia que sai da tomada que temos em nossa residência. Quando ligamos qualquer eletrodoméstico na tomada, a energia "salta" dela e aparece (entra) no *plug* do eletrodoméstico que está conectado.

Informação através de *laser*

Para se ter uma ideia de que informações podem ser usadas para os mais diversos fins, já é possível receber informação por vários meios. Tive experiência pessoal com esse tipo de abordagem da informação, com a transferência da informação de uma substância para o nosso organismo, sem o uso de química. Apenas um *laser* passa por uma amostra da substância e a partir daí já está portando a informação da substância, que em seguida atinge qualquer parte do nosso corpo e a informação está transferida. Um processo que terá larga aplicação no futuro.

Teleportação Quântica

Isto foi realizado pela primeira vez em 1997 pelos físicos Anton Zeilinger e A. Francesco De Martini. Veja descrição em *O Tecido do Cosmo* de Brian Greene, página 509.[28]

Quando duas partículas estão emaranhadas, a mudança de *spin* em uma afeta o *spin* da outra instantaneamente, isto é, mais rápido que a velocidade da luz. Os físicos chamam isso de comunicação não local. É assim que uma informação é transmitida, instantaneamente, para o Universo inteiro.

O efeito DNA

Esses experimentos foram relatados no livro *A Matriz Divina* de Gregg Braden[29]. Foram realizados por Vladimir Poponin e Peter Gariaev na Rússia.

---

28 GREENE, Brian. *O Tecido do Cosmo*. Ed. Companhia das Letras.

29 BRADEN, Gregg. *A Matriz Divina*. Ed. Cultrix.

Na presença de DNA humano, os fótons se organizaram de maneira diferente do que quando estavam sem esse material. A presença do DNA afetou os fótons. Quando o DNA foi retirado do tubo, os fótons continuaram ordenados, mostrando que restou um campo atuando nos fótons.

Em outro experimento, uma amostra de DNA de uma pessoa foi retirada e colocada distante dessa pessoa. O DNA foi medido eletricamente para saber se continuava conectado com a pessoa a distância. Quando a pessoa tinha emoções dezenas de metros distante da amostra, ela mostrava uma poderosa resposta elétrica. Significando que continuava ligada à pessoa.

Outro experimento foi feito por Glen Rein e Rollin McCraty do Institute Heart Math. Usaram amostras de DNA distantes da pessoa que doou. As emoções dessas pessoas afetaram as amostras dentro do tubo de ensaio. As moléculas de DNA se enrolaram e se desenrolaram; apenas com o despertar de emoções nas pessoas.

O futuro afeta o passado

Essa experiência foi citada no livro *O Coração da Mente*[30], de Russel Targ e Dra. Jane Katra. Foi realizada por Helmut Schmidt no Mind Science Foundation no Texas. Uma pessoa pode afetar a perfuração de fita de papel feita no passado, com um gerador de números aleatórios, zeros e uns. Como ninguém viu o resultado antes, isto é, não foi observado, houve uma alteração no resultado que teria de ser de 50% para zeros e uns. A única explicação é que a pessoa voltou no passado na hora da perfuração da fita e a afetou na hora da perfuração.

Até a taxa de respiração de uma pessoa antes registrada, mas não observada, foi alterada pela atividade mental de uma pessoa depois de ser registrada.

---

30 TARG, Russel; Katra, Jane. *O Coração da Mente*. Ed. Cultrix.

Maior explosão de energia registrada no Universo

Em 28 de fevereiro de 1997, o satélite Beppo-SAX, casualmente, registrou a posição exata de uma explosão de Raios Gama de 80 segundos de duração. A posição da explosão é GRB-970228. Uma explosão desse tipo emite, em alguns segundos, a energia de um milhão de galáxias.

Revista *Scientific American* - Gamma-Ray Bursts, July 1997; de Fishman, Hartmann, página 6.

Teletransporte

Na edição de 23 de outubro de 1998, *The Toronto Star* foi publicado um artigo intitulado *Transporte-me? Ainda não, mas os cientistas estão cada vez mais próximos* (p. A3).

De acordo com o artigo, "talvez eles ainda não possam pedir a Scotty para transportá-los, mas os pesquisadores da Califórnia afirmaram (...) que já tinham completado a primeira experiência 'total' de teletransporte. Eles disseram que conseguiram mover por teletransporte um feixe de luz através da mesa do laboratório. Ele não foi transportado fisicamente, mas suas propriedades foram transmitidas a outro feixe, criando uma réplica do primeiro. 'Reivindicamos ser este o primeiro processo honesto de telecinésia', disse Jeff Kimble, professor de física no Instituto de Tecnologia da Califórnia, em entrevista telefônica. Kimble acredita que o teletransporte quântico poderá vir a transformar a vida diária. O teletransporte quântico possibilitará a transmissão de informações à velocidade da luz - a maior possível - sem a barreira de fios ou cabos".

Transmissão de Informação para o DNA com *laser*

Pyotr Gargajev, biofísico e biólogo molecular russo, transferiu o DNA de uma salamandra para o DNA de uma rã e nasceram salamandras!

Usaram frequências transferidas por um *laser*. Descrito no livro *Vernetzte Intelligenz*, de Franz Bludorf e Grazyna Fosar[31].

Campos Morfogenéticos

O biólogo Rupert Sheldrake, tem um extenso trabalho sobre campos morfogenéticos, que são campos que in-formam a biologia. Nesses campos está a informação necessária para o total desenvolvimento biológico.

Visão Remota

É a capacidade de acessar informação a distância, sem uso de meios físicos. Descrito nos livros *O Coração da Mente*, *O Fim do Sofrimento* e *O Campo*. Pelos criadores da Visão Remota Russel Targ e Hall Puthoff.

Alterando um Gerador de Números Aleatórios

Foram feitos vários experimentos para medir se um animal ou inseto pode alterar o resultado de um gerador binário de números aleatórios.

No primeiro caso, uma gata foi o objeto do estudo e foram usadas duas lâmpadas de 200W cada. Uma ficava longe da gata e outra, perto. A temperatura no local onde estava a gata era de zero grau centígrado. Portanto, a gata deveria procurar acender a lâmpada mais vezes para se aquecer. O resultado mostrou que a gata conseguiu influenciar o gerador para acender mais vezes a lâmpada perto dela.

31 BLUDORF, Franz; Grazyna Fosar. *Vernetzte Intelligenz*. Editora Omega Verlag.

Outro experimento utilizou baratas e choques elétricos. Elas também deveriam alterar o gerador para evitar os choques elétricos. Isso também aconteceu. Notem que estamos falando de insetos!

Outro experimento foi feito com lagartos e, também, houve alteração nos números gerados. Esses experimentos estão relatados no livro *Psi Quântico*, de Hernani Guimarães Andrade[32].

Em teste com humanos, estes conseguiram diminuir o crescimento de fungos.

Em teste sobre a emissão de partículas beta de um isótopo radioativo do césio (ce137), mostrou-se que um garoto de 11 anos foi capaz de alterar o fluxo de emissão radioativa com o seu desejo. Ele atuou no nível quântico da realidade.

Outro experimento com as bactérias Escherichia Coli mostrou que foi possível, a um ser humano, promover a mutação da bactéria com seu pensamento.

Aplicação da Ferramenta de Ressonância Harmônica

Como vimos, tudo que existe é uma Onda e vibra. No Vácuo Quântico está gravada toda informação que já existiu, existe e existirá. Essa informação consiste em tudo que existe, tais como todo livro, documento, curso, conhecimento, experiência pessoal, memórias, sentimentos pessoais, consciência, habilidades pessoais, pensamentos, emoções, Arquétipos, dimensões, tempos, Universos etc. Tudo que existe é pura Informação. Tudo que existe tem uma Informação intrínseca, que permanece para sempre.

Essa informação pode ser utilizada da maneira personalizada, isto é, para determinada pessoa, para seu crescimento e evolução. Nós escolhemos que informação queremos e como utilizá-la.

Podemos usar vários meios para portar a informação.

32 ANDRADE, Hernani Guimarães. *PSI Quântico*. Ed. Pensamento

Uma das opções é usar um *link* enviado contendo som de ondas de mar, durante vários minutos. A informação está contida em ondas eletromagnéticas e escalares. E sendo assim não tem som. Portanto, deve-se clicar no *link* enviado e "tocá-lo" no volume zero. Sem som.

Como a onda está em todos os locais ao mesmo tempo, não há necessidade de ficar perto do aparelho que toca a gravação. Pode-se ficar a qualquer distância. Isso significa que só se gasta um segundo por dia com esse método. Basta apertar a tecla "*play*" e pronto. Pode-se cuidar da vida que a informação chegará até você.

Isso deve ser feito uma única vez ao dia. Nunca repetir o processo.

A informação é absorvida pelo campo atômico da pessoa e integrada, gradativamente, na mente e corpo por meio dos receptores celulares.

Depois de um mês, deve-se fazer um ajuste nas frequências, de acordo com a evolução pessoal; novos pedidos de informações podem ser feitos. Isso por pelo menos seis meses. Porque a cada seis meses há um salto qualitativo profundo em todos os aspectos pessoais. Até chegar à perfeição.

Durante os primeiros meses, há uma limpeza de tudo que impede o progresso da pessoa, ao mesmo tempo em que as informações solicitadas são assimiladas. Esse é um período de grandes transformações, pois há uma mudança de atitude em relação à vida. Saindo do negativo para o positivo. Muita coisa começa a dar certo e ser resolvido. O que estava parado anda. Pessoas negativas se afastam e novas pessoas com frequências positivas chegam. A atração pessoal é ativada e chamamos a atenção onde quer que estejamos. Nesse período deve-se abandonar tudo que não serve mais para nós. Alça-se voo depois de mais ou menos seis meses, embora depois do terceiro mês a mudança já seja muito perceptível. No sétimo mês há um grande salto de atitude e consciência. Isso se acelera mês a mês e saltos significativos acontecem a cada seis meses. Até chegar a um ponto de imensa consciência expandida, de percepção aguçada, quando se vê e se percebe o que nunca tínhamos percebido. O condicionamento é desfeito passo a passo e nos libertamos. A capacidade de análise, de qualquer situação, é superior e resolvemos os problemas com facilidade, segurança e centramento.

Essa mudança magnética, mental e emocional permitirá que a pessoa atraia tudo que deseja. Pois desde o instante inicial, na primeira vez, que "ouvir" o *link* enviado com a gravação, ela já será extremamente potencializada. Aos poucos a pessoa vai mudando seu paradigma e limpando tudo que impede seu progresso. O conhecimento ou a informação é armazenado no subconsciente e inconsciente, e pouco a pouco será assimilado e transformado para ser usado na vida prática. O processo é muito rápido e pode ser ajustado de inúmeras formas de acordo com as necessidades pessoais.

Como é um processo que requer ajuste, de acordo com a evolução da pessoa, todo mês é feita nova avaliação e refeitas as frequências de acordo com a necessidade e vontade da pessoa. É comum às pessoas pedirem mais conhecimento, habilidades etc., à medida que entendem as possibilidades do processo. Como é uma onda quântica que foi captada pela pessoa, a mudança é inevitável, pois o conhecimento já é parte da pessoa pela interferência construtiva. Só depende dela facilitar o entendimento e uso do conhecimento que ela mesma pediu.

A mudança é contínua e cumulativa. No início, a percepção da mudança é imediata porque tudo estava parado e estagnado. Então, assim que as coisas andam, fica muito evidente. Depois a mudança continua sutil e eficiente. Basta fazer uma série de perguntas para que a pessoa se autoanalise e perceba o quanto mudou em todos os sentidos. Capacidade de análise, autopercepção, visão de mundo, disposição física, mental e emocional, centrada e equilibrada, segura de si, com elevada autoestima e autocontrole, focada nos resultados, atraindo tudo que quer; pessoas, negócios e oportunidades, com imenso magnetismo pessoal. A pessoa começa a perceber que sua mente cria a sua realidade.

Temos casos de empresários que estavam totalmente paralisados nos negócios e que em dois meses retomaram todas as atividades, clientes, negócios, lucros etc. Como se diz, tudo andou na vida da pessoa, quando se alterou a energia, a informação e o magnetismo pessoal. Alterando-se o magnetismo pessoal ou a energia, o crescimento pessoal pode ter seu curso normal. Primeiro acontecem as transformações interiores e depois, as exteriores, inevitavelmente. É por isso que, quando se faz um trabalho como este, "as coisas" tomam outro rumo.

Mudando-se o magnetismo da pessoa, ela passa a atrair novas oportunidades, negócios, relacionamentos, vendas, emprego etc. Porque, em suma, tudo depende do magnetismo que a pessoa emana, por meio dos seus pensamentos e sentimentos. E isso é possível de modificar.

As possibilidades deste trabalho são infinitas. Porque pode-se trabalhar com qualquer conhecimento e informação que se quiser. Isto é, não existe limite até onde uma pessoa pode chegar ou crescer. O conhecimento é infinito em todos os sentidos, seja mental, seja emocional, seja espiritual etc.

É só uma questão de quanto a pessoa quer se desenvolver. Caso a pessoa queira aprender pouco ou limitar a sua evolução naquele período, é uma escolha pessoal. O livre-arbítrio da pessoa é que decide o que ela quer, em todos os sentidos.

Como tudo é infinito, pode-se colocar, a cada mês, novos conhecimentos, habilidades etc. de acordo com a capacidade de a pessoa absorver aquela quantidade de informação. A única limitação é a vontade da pessoa em processar a informação.

Durante o processo acontece:

- Saímos da zona de conforto;
- Mudamos de paradigma;
- Limpamos os traumas e bloqueios;
- Superamos os tabus e preconceitos;
- Eliminamos a autossabotagem;
- Eliminamos o condicionamento anterior;
- Libertamos nossa personalidade;
- Expressamos o *Self*.

No meu caso, fiz durante mais de uma década todo tipo de experiências com as frequências para avaliar seu resultado, o que poderia fazer, em que quantidade, que tipo de conhecimento, que qualidade de resultado em todos os sentidos de quantidade e amplitude etc. Todas as possibilidades foram testadas de todo tipo de conhecimento, habilidade, potencial, situação etc.

Fiz esse laboratório em mim mesmo para poder avaliar o que é possível com a ferramenta. Esta pesquisa continua, mas o que já foi descoberto é infinito em termos de possibilidades. Para ter todo o benefício disso, é preciso expandir o paradigma pessoal, pois é ele que impede que cresçamos todo o possível. O que você acredita que é possível é o seu limite. Na prática não existe limite algum, mas as crenças das pessoas é que limitam as possibilidades para ela. Quando você expande o que acredita, não existem mais limites para você. É a mesma coisa com o que você está lendo. Será que acredita ou acha que é ficção científica? Caso não acredite, não usará o potencial relatado aqui. Aqueles que não duvidam, trazem uma lista do que querem e já começam a receber o que pediram. Lembre-se de que, em última instância, o Universo respeita o que você acredita e não vai fazer nada à força. Ele esperará que você tenha as experiências para mudar por si mesmo o que acredita. Para aqueles que querem crescimento acelerado, o Universo atende e propicia os meios para adquirir esse crescimento. O Universo é absolutamente congruente com seus pensamentos e sentimentos.

Logo que a pessoa muda de frequência, é preciso ajustar novas frequências de acordo com a nova situação e com as Informações requeridas. Nós mudamos o tempo todo e devemos ajustar tudo continuamente.

Consultoria de Informações

Este é um serviço de consultoria que permite ao cliente receber toda a informação requerida e necessária para seu mais completo desenvolvimento. Para isso é feito acompanhamento da evolução da absorção da Informação até chegar à excelência. Quando o cliente se torna um Meta-humano. O nível mais elevado possível para o ser humano.

Personalização da Informação

Para conseguir o objetivo citado, é preciso que a Informação seja recebida de maneira personalizada. Isto é, a pessoa recebe a informação que pediu e somente ela recebe isso.

Isso significa que a consultoria é totalmente personalizada, tanto na análise dos objetivos, quanto nas Informações recebidas. Cada caso é tratado individualmente, gerando uma carga de trabalho diferenciada dos demais.

Por que as pessoas têm tanta dificuldade em crescer?

Todos os seres nascem e recebem ***imprintings*** e condicionamentos os mais diversos. Isso passa a fazer parte da personalidade e a limitar o seu desenvolvimento em todos os sentidos. É possível resolver isso limpando esses ***imprintings*** e condicionamentos. Transfere-se uma nova Informação e um novo potencial é aberto.

Algumas das situações mais comuns:

Inveja

Esse é um sentimento altamente destrutivo para quem o emite. Emana-se carência de algo, pois se existe a inveja é porque a pessoa acha que o outro é melhor ou tem algo que não possui. Tudo que se emana volta para quem emanou. Chama-se eletromagnetismo. Portanto, resolver isso e transformar-se numa pessoa centrada e equilibrada deveria ser nosso objetivo máximo.

Autossabotagem

Isso acontece quando, depois de um período de crescimento, a pessoa atinge uma fronteira onde está a programação limitadora. Normalmente há medo do crescimento e do sucesso. Dessa forma, temos as pessoas que começam e recomeçam muitas vezes; sempre apresentando um padrão de comportamento de fracasso e autodestruição. Pode-se perceber que existe um limite, uma fronteira bem definida; podendo ser determinado salário, felicidade pessoal ou sucesso comercial.

É possível superar a autossabotagem mudando as Informações que nos foram colocadas. E podemos nos programar, conscientemente, para o sucesso e a evolução contínua.

Zona de conforto

Esse é outro problema generalizado. Como o crescimento é o normal no Universo, assim que ele é estimulado, em pouco tempo, a pessoa terá de sair dessa zona de conforto e crescer ilimitadamente. Conseguindo, assim, tudo o que deseja e almeja. É um requisito fundamental para a pessoa que quer ter sucesso em qualquer área deixar para trás a zona de conforto.

Também é possível mudar essa atitude de relutância em sair da zona de conforto implantando-se as Informações que desejamos para o nosso sucesso.

Conformismo

Esse é outro grave problema. Quando alguém se conforma com as condições existentes, mesmo que sejam ruins, está se condenando a uma existência muito aquém das nossas possibilidades humanas.

Paradigma

O paradigma é o sistema de crenças em que a pessoa vive. Ele foi implantado desde o nascimento e passa a condicionar toda a vida da pessoa.

São crenças limitadoras que impedem sua evolução. Como toda informação, pode ser trocada por outras do seu melhor interesse.

Com a Ressonância fica fácil a pessoa perceber essas crenças limitadoras e substituí-las.

É preciso considerar sempre que somos um campo eletromagnético e atraímos tudo que pensamos e sentimos. Consciente e inconscientemente.

Sendo assim, atraímos os resultados de nossas crenças.

Pode-se perceber o paradigma de uma pessoa de várias formas:

- Como ela se veste?
- Como se alimenta?
- Como anda?
- Como se expressa corporalmente?
- O que lê?
- O que compra?
- Quais os pensamentos mais profundos?
- Quais os sentimentos de fundo?
- Como se comporta?
- Como trabalha?
- O que estuda?
- Como conversa com os amigos, colegas, chefe, relacionamento?
- Faz sexo ou faz amor?
- Como trata a mulher?
- Como trata o marido?
- Como trata os filhos?
- Como estuda?
- Como planeja para o futuro?
- Como dirige o carro?
- Quais viagens faz?
- Como trata os parentes?
- O que fala para os filhos?
- Qual sua visão de mundo?
- Como se autossabota?
- Quais seus preconceitos?

- O que pensa do passado?
- E do futuro?
- Vive o presente?
- Como reage às traições dos amigos, sócios etc.? Fica procurando "chifre em cavalo"?
- Como é a percepção da realidade desta pessoa?
- Consegue soltar o que não serve mais?
- Procura entender como funciona o Universo?

Todos esses sentimentos, pensamentos, comportamentos etc. atraem ondas com frequências semelhantes para nós. Ondas são matéria em outro estado. Portanto, nós atraímos o que emanamos. Os acidentes de percurso são a exceção da regra.

Preconceitos e tabus

Essa é outra área que, também, tem o mesmo procedimento de implantação na nossa infância. É preciso rever, para entender que os resultados que temos são fruto de tudo que pensamos e sentimos. Podemos mudar tudo isso com novas Informações por meio da Ressonância. Com essa limpeza, uma nova vida de oportunidades contínuas estará aberta para nós.

Arquétipos

Arquétipos são as ideias primordiais, conforme disse Platão. O que ele quis dizer com isso? São as primeiras energias manifestas ou emanações. O Ideal. O Modelo. O Ser Perfeito. Que tem fundamento atômico, não importando de que dimensão estamos falando. O substrato de tudo que existe é atômico. Para entender como funciona este trabalho, isso deve ficar claro. Quando se entende que ondas eletromagnéticas/escalares atuam em todas as dimensões, entende-se todo tipo de manifestação ou fenômeno.

Os Arquétipos estão localizados em determinada dimensão. Existem fisicamente falando.

Para facilitar o entendimento, segue capítulo do livro *Marketing e Arquétipos*[33], de Hélio Couto.

Antes que qualquer coisa possa aparecer no nosso Universo, ela deverá ter um projeto arquetípico. São energias vivas, conscientes, que se expressam no nosso mundo. Pelo efeito, pode-se conhecer a causa. São símbolos que determinam o que sentimos quando os vemos, ouvimos ou percebemos, não importa se de forma consciente ou inconsciente. Existem inúmeras definições para os Arquétipos e cada qual mostra um aspecto da verdade.

Os Arquétipos podem ser: formas, sons, gestos, símbolos, comportamentos, atitudes, situações, odores, toques, personalidades etc. Como já disse, a forma mais fácil de entendê-los é pelo resultado que produzem. Por exemplo: fazer testes sobre a química cerebral de uma pessoa, em seguida ela seria estimulada por um Arquétipo e os testes seriam refeitos. Com certeza os testes mostrariam o efeito daquele Arquétipo sobre os neurotransmissores.

Uma das principais características dos Arquétipos é a de induzirem os seres vivos a sentirem emoções de uma forma ou de outra. Antônio Damásio, no seu livro *O Erro de Descartes*[34], deixa bem claro que os seres humanos estão programados para reagirem a determinados estímulos, como tamanho, envergadura de asas, tipos de movimento, sons etc., que seriam processadas pelo sistema límbico. É o que se chama de emoção primária. Essa é uma forma de falar de Arquétipos em termos de neurologia. Toda a gama de emoções pode ser induzida, usando-se o Arquétipo correto.

Seus resultados para os seres humanos poderão ser positivos ou negativos, fortes ou fracos, bons ou maus.

Resultados positivos são os efeitos que demonstram: crescimento, prosperidade, realização, saúde, alegria, amor etc.

Resultados negativos são: depressão, pobreza, doença, suicídio, vício, morte, miséria, desemprego, separação etc. É lógico que cada pessoa avalia se é positivo ou negativo dependendo dos seus interesses, o que não impede que

33 COUTO, Hélio. *Marketing e Arquétipos.* Linear B Editora

34 DAMÁSIO, Antonio R. *O Erro de Descartes.* Companhia das Letras.

exista, objetivamente, algo que se possa classificar como positivo ou negativo. Isso poderá ser comprovado verificando-se os resultados no longo prazo.

Atualmente existem vários recursos técnicos para medirem-se os efeitos dos Arquétipos: eletroencefalograma, tomografia por emissão de pósitrons, ressonância magnética funcional e exames laboratoriais para medição de neurotransmissores e hormônios. Com esses exames, é possível saber, com muita precisão, o efeito que determinado Arquétipo provoca no ser humano.

Quando uma pessoa vê, ouve ou percebe um Arquétipo, determinados neurotransmissores e hormônios são produzidos pelo seu organismo, gerando emoções, depois sentimentos e provocando comportamentos. Isso tem tremenda implicação, porque a pessoa não tem a menor ideia da influência, que está recebendo daquele Arquétipo. Ainda mais quando a percepção é inconsciente.

Evidentemente a pessoa racionalizará o seu comportamento, criando e pensando em desculpas ou razões para determinado comportamento. Quando o Arquétipo está associado a determinado produto, inevitavelmente ela associará aquelas emoções e sentimentos com o produto associado. Isso se chama: neuroassociação. Toda a percepção ocorrida em determinado momento será armazenada conjuntamente.

Quando se vê um Arquétipo positivo e um produto junto, imediatamente, temos uma reação emocional e associamos a resposta ao produto que está junto do Arquétipo. O que pode não ter nada a ver com ele, mas para o cérebro não faz diferença. Por exemplo: uma mulher seminua perto de um produto fará com que a nossa reação fisiológica total seja associada também ao produto. O que se sente por um homem nu ou uma mulher nua é gravado no nosso cérebro junto com a marca, símbolo ou imagem do produto. Existem muitas formas de criar neuroassociações. Por que os anúncios fixam tanto determinada personalidade a um produto X? Todas as qualidades daquela personalidade estão sendo transmitidas para o produto. Aquela personalidade pode estar vivenciando um Arquétipo e pode gerar um efeito imenso no consumidor. Por isso vende e paga-se tanto pelo artista ou esportista ou personalidade. Isso fará com que, no momento de decidir entre um produto e outro, ela tenderá a ficar com o que provoca as emoções, que serão ativadas pela exposição à que já foi condicionada (associada).

Neurotransmissores

A produção de neurotransmissores por uma pessoa depende do Arquétipo que ela está vivenciando. Mudando-se isso, altera-se, imediatamente, os tipos de neurotransmissor e a quantidade que será produzida e assimilada.

Neurotransmissores são componentes químicos fabricados pelos neurônios para inibir ou estimular outras células nervosas. Acredita-se hoje que existam 100 bilhões de neurônios no ser humano. Essas substâncias provocam emoções, sentimentos e comportamentos. Podemos criar a emoção que quisermos em nós ou em outros, estimulando a criação dos neurotransmissores em nós ou em outros. As possibilidades são infinitas quando se conhece a química das emoções. O potencial de produção de neurotransmissores é variável, por isso os estímulos são extremamente importantes. Como o cérebro produz os neurotransmissores a determinada velocidade, o tempo de exposição ao estímulo é de suma importância. Os estímulos, por exemplo, imagens associativas ou neuroassociações, provocam a reação do circuito de recompensa do cérebro, fazendo com que, a cada vez que seja estimulado, haja um reforço do circuito e assim por diante. Por ess motivo, o consumidor precisa ver um anúncio pelo menos seis vezes. Como o Dr. Eric J. Nestler demonstrou a exposição repetida a um estímulo, provoca alteração na arquitetura e química cerebral.

O importante é entender: o que sentimos depende de qual neurotransmissor está sendo produzido, em que quantidade e momento. Podendo regular isso, temos o comportamento humano entendido bioquimicamente e controlado.

Determinados Arquétipos induzem a produção de determinados neurotransmissores que induzem os sentimentos e comportamentos. Essa é a explicação de como os Arquétipos controlam nossos sentimentos e comportamentos.

Na realidade é mais complexo, mas para efeito de entendimento prático é suficiente. Essa é uma explicação bioquímica. Existem outras formas de explicar a ação dos Arquétipos, mas como as pessoas querem provas científicas, podem ser obtidas analisando a produção de neurotransmissores. Por isso o marketing funciona, vende, os filmes e as músicas dão lucros fabulosos, os eleitores votam e é possível controlar, completamente, o comportamento humano.

Existe enorme bibliografia sobre o tema neurotransmissores. Pesquise o artigo "Assumindo o Controle do Estresse", de Robert Sapolsky, sobre o papel da dopamina, serotonina, norepinefrina, na revista *Scientific American* Brasil, edição outubro de 2003.

Existem vários neurotransmissores e estes são alguns dos seus efeitos:

Dopamina: gera prazer, alegria, força, êxtase, euforia, poder, sexualidade, confiança. Sua presença traz um sentimento de controle total da situação, poder enfrentar qualquer desafio, qualquer inimigo ou problema. Estimula o amor de pai e mãe. É estimulante para algumas partes e inibidor para outras. Indispensável para ação motora, força de vontade, alegria e bem-estar. Toda vez que a pessoa recebe um estímulo positivo, forte, agradável etc., seu cérebro gera essa substância que dá a sensação de felicidade, estar de bem com a vida, em fluxo com o Universo e todos os sentimentos decorrentes. A falta do nível adequado gera insegurança, inferioridade etc.

Veja a relação entre falta de dopamina e doença de Parkinson no *site*: Mundo Educação (Uol)[35].

A dopamina é um neurotransmissor extremamente potente. Sua falta é arrasadora para o estado geral de felicidade e força pessoal. Esse é o neurotransmissor básico do macho alpha ou da fêmea dominante. Na edição de maio/2004 da revista *Harvard Business Review* América Latina, há o artigo sobre os altos executivos, ressaltando que 70% deles são Alpha. Portanto, caso um empresário ou executivo queira ter sucesso, ele precisa, desesperadamente, de dopamina, caso não a produza na quantidade exata para vencer os outros machos Alpha. Não se esqueçam de que na planície do Serengueti, na África, existem muitos candidatos à macho alpha... Pesquise a relação entre libido e dopamina nos *sites* relacionados.

---

35 https://mundoeducacao.uol.com.br/biologia/dopamina.htm#:~:text=A%20rela%C3%A7%C3%A3o%20existente%20entre%20a,antes%20do%20surgimento%20dos%20sintomas.

Acetilcolina: é estimulante, sendo encontrado em grande quantidade. Controla o funcionamento de inúmeros órgãos, movimentos, memória, concentração, atividade sexual e emoções. Controla a liberação do hormônio pela pituitária, envolvido na aprendizagem.

Noradrenalina: é estimulante. Deixa alerta e com boa memória. Alivia a depressão.

Serotonina: é estimulante para uma parte do cérebro e inibidor para outras. Alivia a depressão, a ansiedade e provoca sono. Atua no controle da dor e no humor. Proporciona estabilidade emocional. É extremamente importante quanto ao sentimento de felicidade. Suicidas apresentam baixo nível de serotonina. Controla a ansiedade, proporciona serenidade, calma e otimismo. Com serotonina você é feliz e está em paz com o mundo. Usando o Arquétipo correto, você terá mais serotonina, sendo, portanto, feliz. A falta de serotonina lhe deixará infeliz. Dessa forma, podemos regular o estado emocional de qualquer população, regulando a exposição que ela tem a determinados Arquétipos.

De acordo com Damásio, a serotonina é um dos principais neurotransmissores, substâncias cujas ações contribuem virtualmente para todos os aspectos da cognição e do comportamento. Um dos efeitos da serotonina nos primatas consiste na inibição do comportamento agressivo. De modo geral, o aumento do funcionamento da serotonina reduz a agressão e favorece o comportamento social – *O Erro de Descartes*[36].

Pesquise sobre a relação entre ambiente e nível de serotonina em Dr. Francisco Di Biase: imunologia e neurotransmissores.

Endorfinas: são extremamente importantes para o sentimento de felicidade, euforia, êxtase, relaxamento e bem-estar geral. Tem propriedades analgésicas, age como calmante, aliviando a dor. Está intimamente ligada à existência de dopamina no organismo. Provoca um sentimento de prazer generalizado, aliviando sobremaneira a depressão. Controla a resposta do

36 Ibidem.

organismo ao estresse, regulando a liberação de hormônios. Tem atuação variada, como em relação à memória, humor, resistência imunológica, estado mental, recuperação orgânica, aliviar a dor, adiar o envelhecimento etc. A produção de endorfinas está relacionada com as coisas boas e positivas, diminuindo em relação a estímulos negativos. Se recebermos estímulos positivos, temos mais endorfina, senão temos menos. Ficou claro isso?

As betaendorfinas proporcionam conforto, sendo a mais potente das morfinas encefálicas. Fortalece a imunidade, reforça a memória, aumenta a paciência, calma interior e diminuem o estresse psicológico. Indispensável para o sistema imunológico. Daí a razão do porquê as pessoas depressivas ficarem doentes mais facilmente. Veja o uso de Fentanil nas anestesias locais.

Ácido gama-aminobutírico (GABA): diminui a ansiedade significativamente. Calma. Sem pânico.

Glutamato: indispensável para prevenir a esquizofrenia. Várias regiões cerebrais se comunicam com o sistema de recompensa por meio da liberação do neurotransmissor glutamato. Glutamato gerado pelos Arquétipos: força, raio, fachos de luz.

Norepinefrina: ambição, energia, alegria.

Considerando o explicado acima e pela extensa bibliografia sobre o tema, fica claro que nosso comportamento é regulado, também, pela presença ou não de determinados neurotransmissores. Dessa forma, qualquer estímulo que provoque sua liberação ou retarde sua absorção terá efeito extremamente significativo nas emoções, nos sentimentos e nos comportamentos humanos. Os Arquétipos podem induzir tudo isso.

Arquétipos e neurotransmissores

Os Arquétipos são poderosos ou não, positivos ou negativos, fortes ou fracos. Pesquise Carl G. Jung – *Os Arquétipos e o Inconsciente Coletivo*[37], página 188, por exemplo.

---

37 JUNG, Carl Gustav. *Obras Completas*. Ed. Vozes

Os Arquétipos provocam reações emocionais, sentimentais e comportamentais. É perfeitamente possível prever o comportamento de um grupo de pessoas em relação a determinado Arquétipo. Essa reação será o resultado da média das reações de todas as pessoas expostas a ele. É possível mensurar a reação individual a qualquer Arquétipo com exames laboratoriais. Quanto à parte prática, é importante que as pessoas entendam esse potencial e poder. Assim, elas podem se beneficiar dessas descobertas, considerando que as pessoas querem resultados práticos e esse é o melhor método para se aferir se algo funciona ou não.

Já ouvi técnico de futebol dizendo que se descobrisse algo que aumentasse, por menor que fosse, a produtividade da equipe, ele o usaria. Resta saber se ele usaria uma ferramenta de Arquétipos, que produzisse um supertime. Aí entra o que já falamos sobre autossabotagem. É a questão da árvore que dá frutos ou não. Ficamos com as que dão frutos e cortamos as que não produzem.

Os Arquétipos podem ser experimentados na forma de símbolos, objetos, formas, sons, odores, comportamentos, gestos, escritas, traços riscados, personalidades etc. Eles provocam uma resposta no mais profundo nível inconsciente, trazendo à tona sentimentos, emoções, comportamentos primordiais, arquivados profundamente na mente humana. As pessoas devem estar cientes desse fato e do profundo poder que reside no âmago dos Arquétipos. Isso não é um brinquedo para crianças, pois as possibilidades de manipulação dos sentimentos e comportamentos são incomensuráveis. Usar Arquétipos é usar um poder ilimitado. Daí a importância de entender seu funcionamento. Nunca é demais ressaltar isso, porque as pessoas normalmente julgam que as estatuetas que possuem em casa não provocam nenhum efeito emocional sobre elas. Vejam a geometria que os gregos usavam.

Por exemplo: mudando-se o tipo de Arquétipo que uma pessoa vê, pode-se mudar, profundamente, sua personalidade, força, visão de mundo, sentimentos e comportamentos, reação aos acontecimentos, seu poder pessoal, sua saúde, sua atração sexual etc. Enfim, pode-se estimular a pessoa para qualquer tipo de sentimento e emoção, tanto positiva quanto negativa. Acrescente-se também a possibilidade de ela ser estimulada inconscientemente.

Todas as possibilidades estão em aberto, para a saúde e a doença, para o vício ou não, para a pobreza ou riqueza, e assim por diante.

Existem Arquétipos para todos os tipos de sentimento, bastando apenas saber qual utilizar para a obtenção dos resultados desejados. Quando se define o logotipo de uma empresa, estamos fazendo algo fundamental para o sucesso ou não do empreendimento. O uso de um logotipo mal definido causará muitos problemas e prejuízos à empresa e talvez provocará a sua falência. Muitas vezes essas questões não são devidamente analisadas por quem decide isso. Inúmeros alunos descrevem situações em que, após ouvirem uma palestra minha, a empresa trocou o símbolo e passou a crescer imediatamente. Garanto que vocês já viram, muitas vezes, empresas gigantescas trocarem de logotipo, cores, *slogans* sem razão aparente e com uma frequência, que mostra a tentativa e erro na definição dos símbolos da empresa; isso quando já não é tarde demais.

Nunca será demais repetir que símbolos e Arquétipos são extremamente poderosos na definição e indução de sentimentos e comportamentos. Vejam o valor de uma marca. Existem várias marcas que valem bilhões de dólares! Para quem não conhece o assunto, não estamos falando da empresa, e sim somente da marca.

Quanto custa para a empresa colocar uma placa em volta do campo de futebol em uma Copa do Mundo? Elas são vistas na final por 3 bilhões de pessoas. Quanto custou por pessoa? É um bom investimento se for um Arquétipo definido corretamente e péssimo, caso contrário.

Vocês sabiam que, quando acontece um gol, às vezes os jogadores correm comemorando e passam por onze placas diferentes? Imagine que a sensação do gol está sendo associada às marcas que os telespectadores estão vendo. A mesma coisa acontece quando determinado símbolo é projetado na tela quando acontece um gol. Existem inúmeras possibilidades nesse campo.

Considere o uso que se faz dos Arquétipos como decoração de ambientes e poderá ser avaliada a personalidade de quem usa essa simbologia. As pessoas não percebem que os Arquétipos influenciam, decisivamente, as suas emoções, conservando em casa estímulos fraquíssimos, que afetam profundamente as suas vidas em todas as áreas. Pode-se conhecer a pessoa pela decoração da casa ou da empresa. Vejam as camisetas que as pessoas usam. Atente-se que o efeito dos Arquétipos é intensificado pela repetição, quanto mais se estimula, mais efeito faz.

Antes de vermos alguns dos significados dos Arquétipos, vamos verificar como o povo os usa nas conversas normais. Veremos que as pessoas intuitivamente sabem do significado deles (já que estão armazenados no inconsciente pessoal e coletivo).

Sabe-se que uma imagem vale mais que dez mil palavras, portanto é muito mais barato usar um Arquétipo como exemplo do que explicar detalhadamente. As metáforas e os Arquétipos são a melhor forma de passar conhecimento para alguém e por isso são usados desde tempos imemoriais.

Exemplos:

- A vaca foi pro brejo (o time está perdendo).
- A bola está na zona do agrião (usado no futebol).
- Eu vi um gato (um rapaz bonito).
- Uma gata (moça bonita).
- Cada macaco no seu galho.
- Ele caiu como um pato (otário).
- Ele é uma raposa (esperto).
- Ele é um banana (que passam para trás).
- Ele é um rato (um ladrão).
- Ela parece um elefante (gorda).
- Rápido como um cavalo de corrida.
- Olhos de águia (vê as oportunidades).
- Firme como uma rocha.
- Tirar o chapéu (reconhecer o valor de outro).

Isto sem citar o uso dos Arquétipos com conotações agressivas, obscenas etc.

Os Arquétipos devem ser classificados pelos resultados que propiciam. Pesquise Jung, já citado anteriormente.

Em relação ao lado positivo, temos: crescimento, desenvolvimento, poder, autoestima, realização, dinheiro, prosperidade, emprego, saúde, união, felicidade, prazer etc.

Quanto ao lado negativo, temos: doença, depressão, melancolia, tristeza, depressão do sistema imunológico, pobreza, desemprego, suicídio, morte, separação, autossabotagem etc.

Arquétipos negativos e/ou fracos

São aqueles que inibem a produção dos neurotransmissores que dão poder e felicidade. Exemplos de utilização negativa e/ou fraca:

- Árvore nua, retorcida: solidão, falta de vida.
- Banana: é a pessoa que não tem personalidade, todo mundo faz de bobo.
- Cigarro: sexualidade.
- Coelho: extrema fertilidade, sexualidade, alvo fácil para os predadores.

Crânios, ossos, monstros, morte, bandeiras de piratas, fantasmas, monstros etc. são extremamente negativos, induzindo ao comportamento autodestrutivo. Péssimo em relação ao nível de endorfinas. É o Arquétipo mais poderoso do lado negativo. Deve-se dar atenção também aos seus correlatos, como terremotos, maremotos, sequestros, assassinatos, conflitos, guerras, crimes passionais, sensacionalismo, desastres, enfim tudo que estiver relacionado com morte e destruição. Provocará conformismo, passividade, negativismo, impedindo o pensamento analítico.

Juntamente com essa técnica, veicula-se um número imenso de informações que não têm como ser digeridas pelo consumidor. Isso impede que ele pense. Junte-se a essa técnica outra que é classificar alguém, um fato ou um produto e o consumidor aceitará passivamente essa classificação. Tudo deve ser afirmado, pois o consumidor tem a tendência de acreditar no que é transmitido, e a seguir quem parece saber o que fala. Quanto mais for afirmado, mais ele acreditará, não importando se é mentira ou não. Veja inúmeros exemplos ao longo da história, sobre uma mentira ser tão repetida que o público passou a acreditar que é verdade. O que a pessoa acredita ser verdade é "verdade" para ela, para todos os fins práticos.

Esse Arquétipo permite dosar exatamente quanto de depressão se quer em determinada população. Isso tem implicações evidentes na atividade econômica, social etc. Portanto, nada é por acaso. Tudo pode ser determinado e previsto em termos de comportamento humano. Não existem surpresas nessa área. Não após tantos milênios de conhecimento acumulado. O que existe é falta de conhecimento, de profissionalismo etc.

- Elefante: burro de carga, peso excessivo, falta de agilidade e depressão.
- Formiga: trabalha demais, sem individualidade, fácil presa.
- Galinha: procria sem cessar, fácil presa.
- Macaco: fraco por imitar, falar demais, roubo, agitação.
- Papagaio e suas variações: muito fraco, imitador, fala muito, presa fácil.
- Pato: símbolo extremamente fraco, usado como referência de fraqueza, falar muito, ser passado para trás facilmente, otário etc.
- Pinguim: excessiva lentidão, presa fácil, uma fria.
- Ratos: inquietação, doença, demônio, mal, ladrão. Sempre foram considerados entre os piores símbolos possíveis, baixíssima autoestima, desonestidade, provoca desconforto assim que é visto etc.
- Sapo: bruxaria, alucinação, volúpia, avareza, fecundidade, pântano.
- Tartaruga: excessiva lentidão, não produz, demora, devagar quase parando.
- Vaca: animal de corte, puxar arado, burro de carga, sacrifício.

Arquétipos positivos e/ou fortes

São aqueles que induzem a produção dos neurotransmissores que geram poder e felicidade.

Produzem resultados positivos e fortes, como crescimento, riqueza, prosperidade, elevada autoestima, sistema imunológico forte, alegria, criatividade etc.

Exemplos de utilização positiva e/ou forte:

- Águia, falcão, gavião, coruja: produz dopamina. É um dos mais poderosos Arquétipos que existem. Provoca elevadíssima autoestima, prosperidade, crescimento, realização, sabedoria, poder etc. O impacto emocional desse Arquétipo nunca deve ser subestimado. Provoca a superação de qualquer desafio, perda, luta etc. Indispensável para vencer na vida. Sempre relacionada com deuses, Zeus, o Sol, o Cristo, São João Evangelista, adorna pias batismais na Itália etc. Citada na Bíblia em dezenas de versículos. É o símbolo dos presidentes, empresários, campeões, líderes, impérios antigos e modernos etc. Inúmeros casos são relatados sobre aumento de ganhos, ofertas de emprego, novas oportunidades surgidas, após o início do uso desse símbolo. É extremamente forte, devendo ser usado com critério.

Todas as pessoas expostas ao Arquétipo receberão seu efeito, isto é, passarão a crescer, evoluir, produzir mais etc. É o Arquétipo do macho alpha e da fêmea dominante.

- Alce: grande prosperidade, muita firmeza e decisão, fecundidade.
- Âncora: apoio, constância, garantia nas dificuldades, esperança, calmante.
- Arco: poder vital, força, flexibilidade, intenção, dinamismo.
- Arco-íris: união dos opostos, ascensão da consciência, as cores ativam os respectivos chakras. Destino, visão, esperança.
- Árvore: importantíssimo símbolo de vida e prosperidade. Proteção, vida, abundância, crescimento. Provoca a união entre as pessoas. Estimula os relacionamentos. Poderoso símbolo para induzir estados de consciência.
- Automóvel: sexualidade, poder, penetração, sexo, qualquer emoção pode ser associada a um carro, dependendo de sua aparência. Evidentemente nenhum carro pode ter todas as emoções associadas a ele.

- Aquário: provoca calma e relaxamento induzindo ondas cerebrais alfa.
- Balança: equilíbrio, justiça, decisão.
- Baleia: paz, tranquilidade, harmonia, relaxamento, amor, relacionamento.
- Bolo: nascimento, sexualidade, recompensa.
- Borboleta: transmutação, mudança, renascimento, libertação, leveza.
- Bússola: direção, orientação, determina o destino, precisão, rigor, imparcialidade.
- Caixa: algo que protege, verdade escondida, segredo, útero.
- Cálice: destino, grande quantidade, opulência, relacionamentos, comungar da mesma crença, em termos cósmicos de onde flui a energia vital inextinguível.
- Canguru: maternidade, força, velocidade, combatividade.
- Cão: amizade, proteção, provocam diminuição da ansiedade.
- Capacete: poder, defesa, potência, inatacável.
- Carvalho: força, virilidade, perseverança, grande poder de relacionamento, proteção, vitória.
- Cavalo: elevada autoconfiança. Velocidade, decisão, independência. É o símbolo dos gerentes e diretores.
- Chama: regeneração, purificação, renascimento, sexualidade, expansão da consciência, divindade, um dos quatro elementos primordiais, fé, defesa, luz.
- Chapéu: poder, autoridade, ideia, pensamento, valor.
- Charuto: sexualidade, virilidade, poder, potência.
- Chifre: força, poder, virilidade, fertilidade, masculino, atividade.
- Círculo: unidade, sexualidade, absoluto, divindade, perfeição, iluminação, infinito, proteção, alma.
- Colmeia: expressivo, indústria, trabalho, organização, produção.
- Conchas: feminilidade, geração, órgão sexual feminino, símbolo fálico, fertilidade, nascimento.
- Cornucópia: chifre, opulência, abastança, fálico.

- Coroa: poder, autoridade moral, honestidade, honra, vitória, respeitabilidade.
- Corvo: inteligência, predador.
- Cristal: pureza, transparência, clareza, arquivo de conhecimento, união.
- Crocodilo: poder, paciência, determinação, assimilação.
- Cubo: solidez, estabilidade, firmeza, segurança, completo.
- Cuia: símbolo fálico, receber, permanência.
- Dado: sorte, imprevisibilidade, fortuna, destino.
- Escada: ascensão espiritual ou descida ao inconsciente.
- Escudo: defesa, amparo, auxílio, proteção.
- Esfera: Universo, totalidade, terra, excelência, primor, completo.
- Espada: força, coragem, poder, fálico, decisão, separação, autoestima, autoconfiança.
- Espelho: saber, autoconhecimento, consciência, imaginação, criatividade, magia.
- Estrela: sorte, aspiração, destino, divindade, humanidade, pontos cardeais, cooperação.
- Faca: poder masculino, decisão, afastar, defender, decidir.
- Fadas: agradável, segurança.
- Ferradura: ligada ao cavalo representa boa sorte e autoconfiança.
- Ferro: durabilidade, força, robustez, inexorável, implacável, inflexível.
- Flecha: poder vital, força, decisão, intenção, fálico, dinamismo.
- Flores: sucesso, harmonia, prosperidade, calma, paz, relaxamento, possibilidades.
- Floresta: a vida da pessoa, a mente consciente e inconsciente, vida, sociabilidade.
- Fonte: inconsciente, geração da vida, retorno, abundância, conhecimento, início e vida.
- Fruta: maturidade, realização, desenvolvimento, vida, abundância, prosperidade, sucesso.
- Garfo: alimentação, devorar, poder.

- Gatos: independência, intuição, autoestima.
- Geladeira: segurança, reserva de alimentos.
- Golfinhos: sociável, coragem, inteligência, movimento, alegria de viver. Ideal para lugares de reuniões, festas etc. Não colocar no local de trabalho.
- Grão: abundância, riqueza, prosperidade, possibilidade, morte e vida, semente.
- Hera: amizade, fidelidade, sensualidade, feminilidade, crescimento, abundância.
- Herói: aquele que dá segurança, conforto, controle, sobrevive, comanda, vivo, governa.
- Íris: espelho, janela, abertura, possibilidade, potencial, verdade.
- Jardim: lugar ideal, agradável, imaginação, feminilidade, descanso, relaxamento, esperança, realização, criatividade.
- Joias: poder, riqueza, conhecimento, tesouro, realeza, nobreza.
- Lago: inconsciente, magia, feminilidade, abertura, profundidade.
- Lagarto: menos poderoso que crocodilo.
- Lâmpada: luz, sabedoria, previsão, inteligência, prudência, ligado ao divino, espiritualidade, escolha, conhecimento.
- Lança: poder, fálico, masculino, direção, decisão, coragem.
- Leque: proteção, nobreza, conjunto.
- Leopardo: ação, determinação, rapidez, altivez, força, fertilidade.
- Leste: onde o Sol nasce, despertar, renascimento, novas oportunidades, vida.
- Limão: vida, pureza, proteção, incisivo, penetrante, cortante, defesa, limpeza.
- Lírio: luz, fálico, prosperidade, vida e morte.
- Livro: totalidade, ego, conhecimento, poder, conjunto, regra, destino, lei, possibilidade, fechamento, abertura, autoestima.
- Lontra: guia, esperteza, rapidez, vida, feminilidade, felicidade, distração, prazer.
- Lótus: espiritualidade, pureza, vida, totalidade, renascimento, criação, harmonia, desenvolvimento, pureza, tranquilidade, ascensão.

- Lua: fertilidade, sexualidade, feminilidade, transição, mudança, poder, inconsciente, fecundidade, receptação, suavidade.
- Luta: sexualidade, sadismo, virilidade, trajes, grande atração sobre o público feminino (fêmeas admiram o macho alpha).
- Luva: direito, nobreza, realeza, pureza, defesa, poder.
- Maçã: fertilidade, sabor, mundo, escolha, conhecimento, afeto.
- Machado: força, poder, decisão, abertura, culto, justiça, separação.
- Mãe: amor, filhos, gratidão, recompensa, sexualidade.
- Martelo: poder, força, decisão, razão, modelagem.
- Milho: prosperidade, riqueza, crescimento, abastança.
- Montanhas, vales e nuvens: provoca um maior relacionamento entre as pessoas. Firmeza, durabilidade. Ascensão espiritual, impassibilidade, esconderijo, realização, revelação, ideal. Ótimo para comércio, restaurantes etc.
- Navio: criatividade, aventura, alegria, coragem, proteção, mental, adaptação.
- Nuvem: relaxamento, feminilidade, fecundidade, transformação.
- Obelisco: culto, poder, fálico, direção, ligação.
- Olho: espírito, visão, atividade, futuro, visão interior, divindade, visão ampla, percepção, vigilância, onipresença, sabedoria, penetração, magia, proteção.
- Orelha: comunicação, lembrança, memória, percepção, inspiração, sabedoria, escolha, fálico.
- Orquídea: sorte, riqueza, proteção, suntuoso, luxo, brilho.
- Ouro: inteligência, luz, eternidade, perfeição, conhecimento, purificação, prosperidade e riqueza.
- Ovo: fecundidade, sexualidade, vida, procriação, totalidade, início, nascimento, abundância, possibilidade, potencial, perfeição.
- Palavras: dependendo do significado das palavras teremos a resposta fisiológica.
- Palmeira: vitória, eternidade, flexibilidade, vida, alegria, paz.
- Pantera: ação, volúpia, sensualidade, autoestima.
- Pássaro: denota a personalidade da pessoa. Alma, imortalidade, destino, força vital, evolução, criatividade.

- Pé: vontade, avançar, tomar conta, vencer, fálico, humildade, movimentação.
- Pedra: eterno, imutável, força concentrada, proteção.
- Pena: poder, asas, posição social, ágil, delgado, veracidade, gracioso, tênue, ligeiro, suave, delicado.
- Pilar: solidez, força, sustentação, firmeza, fálico.
- Pinha: fertilidade, felicidade, fortuna.
- Pinheiro: fertilidade, vida, energia, crescimento.
- Plantas: unidade, sociabilidade, transmutação, vida, mudança.
- Portão: passagem, segredo oculto, proibição, convite e revelação.
- Puma: velocidade, força, autoestima, sutil, trabalha só.
- Quadrado: matéria, terrestre, humano, realidade.
- Raposa: transformação, dissimulação, esperteza, sábia.
- Rede: contato com o inconsciente, recolher, apanhar, pescar, laço, engenho, artifício, logro, embuste, estratagema, alçapão.
- Relva: humildade, paz, obediência, subordinação, dependência, docilidade.
- Remo: ação, decisão, flexibilidade, fálico, direção.
- Rombo: sexual, fálico.
- Rosa: amor, simpatia, romance, alívio, ativa o chakra cardíaco, segredo, complexidade.
- Roupa: autoaprovação, autoestima.
- Rua: novas experiências, contatos, vivência, vida.
- Sabão: trabalho, dedicação.
- Sal: força, proteção, purificação, firme.
- Semente: grão, vida e morte, fertilidade, crescimento, prosperidade. Sempre-viva: proteção, vida, prosperidade, crescimento, eternidade.
- Serpente: proteção, alma, mudança, fálico, energia, vida, libido, inteligência, autorrenovação, Universo.
- Sexo: todo tipo de associação entre sexo e um produto criará uma resposta fisiológica em relação ao produto. Significa poder e força no caso masculino e receptividade no feminino.

- Sino: chamado, provoca ansiedade.
- Sol: luz, inteligência, vida, fertilidade, ressurreição, calor, justiça, poder.
- Tatuagem: virilidade, rebeldia, vivência, potência, força.
- Tempestade: transmutação, mudança, intervenção, limpeza.
- Terra: mãe, útero, vida, alimentação, equilíbrio.
- Tigela: sexual, fálico, recepção, permanência.
- Tigre: força, ferocidade, protetor, esforço, provoca ação, efeito muito forte. Também não deve ser usado sem critério.
- Tornozelo: decisão, encruzilhada, vital.
- Triângulo: poder, luz, magia, força, sabedoria, beleza, divindade.
- Trono: grandeza, glória, poder, sabedoria, autoridade.
- Unicórnio: poder, fálico, transparência, sinceridade, cura.
- Urso: poder, ação inconsciente, força, resistente, determinado, firme.
- Uvas: abundância, vida, renascimento, conhecimento, prosperidade, alegria.
- Vela: luz, sexualidade, proteção, pedido, orientação, fé.
- Vinho: sociabilidade, raiz, terra, lar.
- Vulcão: prosperidade, crescimento, morte e renascimento, ciclo.

Arquétipos e Civilizações

Todas as civilizações deram nomes diferentes aos mesmos Arquétipos. Os gregos e romanos entenderam bem isso e perceberam que estavam falando do mesmo Deus com nomes diferentes.

Uma lista pormenorizada dessas civilizações e Arquétipos está fora do escopo deste livro. Seria refazer o que Campbell e Eliade, por exemplo, já fizeram. Existe extensa literatura disponível sobre o tema. Listaremos apenas os gregos e romanos como exemplo, e para quem quiser pesquisar, recomendo a *Enciclopédia Britânica*.

Como indicação das infinitas possibilidades do assunto, temos Arquétipos: Mesopotâmicos, Sumérios, Babilônicos, Germânicos, Nórdicos, Celtas, Egípcios, Hindus, Africanos, Incas, Maias, Toltecas, Olmecas, Nativos Americanos, Afro-brasileiros, Haitianos, Tailandeses, Vietnamitas, Chineses, Japoneses, Polinésios, Aborígenes, Tupi-guarani etc. Apenas como exemplo da importância de entender o tema, a Segunda Guerra Mundial era prevista, porque Wotan, Deus da Guerra Nórdico, estava sendo vivenciado. Esse simples exemplo mostra o quanto vale este conhecimento para pessoas, empresas, países e instituições.

Arquétipos Gregos

Existe extensa bibliografia sobre esses Arquétipos e inúmeros dicionários de mitologia. Todos são excelentes e dão uma ótima ideia do poder e força ou fraqueza e negatividade. Conforme o resultado da atividade de cada Arquétipo, teremos a produção de determinados neurotransmissores ou não, conforme já explicado anteriormente. Foge do escopo deste livro análise individual de cada Arquétipo. Como disse, existem milhares de livros sobre o tema e o nosso objetivo é chamar a atenção para sua aplicação em marketing. Com respeito ao marketing, o que estamos explicando é mais do que o suficiente para qualquer um começar a progredir em qualquer área. Para mais referência, pesquise: Campbell, Eliade etc.

Aqui temos alguns exemplos, pois como já dissemos o tema é enciclopédico. O interessante é o leitor entender o conceito, considerando que cada aplicação é um caso. É preciso ressaltar que cada povo ou civilização deu nomes diferentes para o mesmo Arquétipo; sendo assim é fácil perceber que o mesmo Princípio é entendido por todos com nomes diferentes, pois os Arquétipos são universais. Cada um pode dar o nome que quiser, mas a essência é a mesma. Por isso uma marca ou logotipo arquetípico funciona ou vende no mundo inteiro. Daí a importância que tem a definição de um logotipo para uma empresa ou instituição.

- Adônis: beleza física, sexualidade não resolvida, extrema atração sobre as mulheres.
- Afrodite: amor, sexualidade.
- Apolo: inclui os aspectos masculinos, beleza, sexualidade, ação etc.
- Aquiles: luta, competição, guerra, ponto fraco, insensível à crítica.
- Ares (Marte): guerra, militarismo etc.
- Ariadne: inteligência.
- Ártemis: independência, fertilidade.
- Asclépio: cura, medicina, imposição de mãos.
- Atena: poder, atividade.
- Atlas: trabalho pesado, executivo, produção, responsável.
- Cairós: tempo propício.
- Circe: feiticeira.
- Cirene: atividade física.
- Cronos: tempo.
- Dafne: feminilidade, juventude.
- Deméter: fertilidade, maternidade.
- Dionísio: vinho, alcoolismo.
- Édipo: inteligência.
- Eros: sexualidade demasiada.
- Hades: morte, subterrâneo, profundezas.
- Hera: instabilidade psicológica e emocional.
- Hércules: herói.
- Hermes: conhecimento oculto, inteligência.
- Héstia: vida doméstica.
- Medeia: destruição.
- Medusa: monstro.
- Midas: sorte.
- Minos: sublimação.
- Narciso: autoestima.
- Nêmesis: justiça.
- Orestes: trabalhar para cumprir o dever.

- Orfeu: música, amor, poesia.
- Pã: negatividade.
- Perséfone: extrema feminilidade, mundo subterrâneo.
- Perseu: empreendedor.
- Posídon: poder destrutivo.
- Prometeu: humanidade.
- Selene: deusa da Lua, intimidade, noite.
- Teseu: egoísmo.
- Tífon: o inconsciente.
- Ulisses: herói, habilidade, militar.
- Urano: paternidade.
- Zeus: poder.

Arquétipos Romanos

- Júpiter: poder.
- Netuno: mar.
- Marte: Guerra.
- Apolo: Sol.
- Vulcano: fogo.
- Mercúrio: inteligência.
- Juno: deusa, poder.
- Minerva: ciência.
- Vênus: amor.
- Vesta: fogo.
- Ceres: agricultura.

Aplicações

Como tudo é In-formação é evidente que pode ser usada de forma específica, tais como: conhecimento sobre determinado assunto, experiência em determinada área, somente a parte mental ou emocional, a consciência inteira, determinada habilidade, o poder sobre tal assunto, a vontade, a determinação, a energia pessoal etc.

Algumas das possibilidades de uso destas Informações:

- A mente do jogador de sucesso.
- A mente e o emocional de um campeão nos esportes.
- Academia de ginástica.
- Aceitação do sucesso dos outros.
- Aceite e use o programa de doze passos dos Anônimos.
- Acesse o inconsciente coletivo.
- Ações.
- Acrobata.
- Acupuntura.
- Administração.
- Administração do tempo e definição de prioridades.
- Administrador de Fundos.
- Administrador de Hotéis.
- Administrar situações de stress.
- Administrar conflitos no trabalho.
- Advogado.
- Agente de viagem.
- *Aikido.*
- Alta produtividade e excelência em qualquer atividade.
- Ame aos demais e aumente sua compaixão.
- Ame as crianças e seja amigo delas.
- Amortização de dívidas.
- Amortizações.
- Amuletos e talismãs.
- Análise de imagem de exames médicos.
- Analista Financeiro.
- Analista Programador.
- Analista Técnico.
- Antiguidades.

- Aposentadoria e planejamento.
- Ar-condicionado e refrigeração.
- Aromaterapia.
- Arquétipo da Alegria.
- Arquétipo da Ambição.
- Arquétipo da atração de dinheiro.
- Arquétipo da Autoconfiança.
- Arquétipo da Autoestima.
- Arquétipo da Caridade.
- Arquétipo da Coragem.
- Arquétipo do Empresário de Sucesso.
- Arquétipo da Fama.
- Arquétipo da Força.
- Arquétipo da Força Física.
- Arquétipo da Fortuna.
- Arquétipo da Imaginação.
- Arquétipo da Justiça.
- Arquétipo da Memória.
- Arquétipo da Metafísica.
- Arquétipo da Oratória.
- Arquétipo da Proteção de todo mal.
- Arquétipo da Riqueza.
- Arquétipo da Sociabilidade.
- Arquétipo da Superação dos Vícios.
- Arquétipo da Vida Longa.
- Arquétipo da Visualização.
- Arquétipo da Vitalidade.
- Arquétipo das Decisões.
- Arquétipo das Viagens.
- Arquétipo de Aeróbica.
- Arquétipo de Halterofilista.
- Arquétipo de Arqueiro.
- Arquétipo de Artes Marciais.

- Arquétipo de Corredor.
- Arquétipo de Esquiador no gelo.
- Arquétipo de Ginasta.
- Arquétipo de Jogador de Baseball.
- Arquétipo de Jogador de Basquete.
- Arquétipo de Jogador de Boliche.
- Arquétipo de Jogador de Futebol.
- Arquétipo de Jogador de Futebol Americano.
- Arquétipo de Jogador de Golf.
- Arquétipo de Jogador de Hockey.
- Arquétipo de Jogador de Tênis.
- Arquétipo de Jóquei.
- Arquétipo de Levantamento de peso.
- Arquétipo de Lutador de boxe.
- Arquétipo de Pescador.
- Arquétipo de Piloto de Corrida.
- Arquétipo de Surf.
- Arquétipo de Tai Chi.
- Arquétipo de Técnico.
- Arquétipo de Velejador.
- Arquétipo de Yoga.
- Arquétipo do Advogado.
- Arquétipo do Amante.
- Arquétipo do Artista.
- Arquétipo do Astrólogo.
- Arquétipo do Bom Senso.
- Arquétipo do Comunicador.
- Arquétipo do Conhecimento da Árvore da Vida.
- Arquétipo do Curador.
- Arquétipo do Diplomata.
- Arquétipo do Empresário.
- Arquétipo do Equilíbrio Arquétipo do Escritor.
- Arquétipo do Esportista.

- Arquétipo do General.
- Arquétipo do Gênio.
- Arquétipo do Herói.
- Arquétipo do Imperador.
- Arquétipo do Inventor.
- Arquétipo do Mágico.
- Arquétipo do Matemático.
- Arquétipo do Músico.
- Arquétipo do Negociador.
- Arquétipo do Orgulho.
- Arquétipo do Pensamento Positivo.
- Arquétipo do Poder.
- Arquétipo do Recomeço.
- Arquétipo do Rejuvenescimento.
- Arquétipo do Sucesso nos negócios.
- Arquétipo do Telepata.
- Arquétipo dos Esportes.
- Arquétipo dos Estudantes.
- Arquétipo dos Poderes Psíquicos.
- Arquétipo dos Professores.
- Arquétipo dos Tesouros.
- Arquétipo *Yang*.
- Arquétipo *Yin*.
- Arquiteto.
- Arte de superar conflitos com superiores.
- Artes.
- Artes Cênicas.
- Artes Marciais.
- Assistente de Dentista.
- Astrologia.
- Astrólogo.
- Atletas.
- Ator.

- Atração de dinheiro nos negócios.
- Atração magnética e atração sexual.
- Atração magnética nos negócios.
- Atraia dinheiro, riqueza e sucesso.
- Atriz.
- Aumente sua vitalidade mental.
- Automóveis.
- Auxiliar de dentista.
- Aviões.
- Balanceamento dos *chakras* e aura.
- Banco de dados.
- Bancos e finanças.
- Banqueiro.
- Barman.
- Beleza.
- Biblioteca.
- Biotecnologia.
- Cabelos.
- Caligrafia.
- Campo Eletromagnético Pessoal.
- Canalização.
- Cantor.
- Carpinteiro.
- Chefe de Cozinha.
- Chi.
- Ciências.
- Cinema.
- Clariaudiência.
- Clérigos.
- Colecionador.
- Comandar equipes profissionais nos negócios.
- Comediante.
- Companhias Aéreas.

- Compositor.
- Comunicação em Negócios.
- Comunicação Gráfica.
- Comunicações.
- Comunicador de sucesso.
- Confie nos seus instintos.
- Conselheiro de carreira.
- Conselheiro de investimentos.
- Construtor.
- Construtor Civil.
- Consultor de Dietas.
- Consultor de Impostos.
- Consultor de Investimentos.
- Consultor Financeiro e Negócios.
- Controle de Dietas.
- Controle de Epidemias.
- Controle de Qualidade.
- Controles de Pragas.
- Conversar com eficiência.
- Coreógrafo Cosméticos.
- Cosméticos, beleza, cabelo etc.
- Creches.
- Criador de cachorros e gatos.
- Criatividade.
- Cristais.
- Cromoterapia.
- Cuidar de crianças.
- Culinária.
- Cultivar a iniciativa nos empregados.
- Cumprir metas.
- Dança Circular Sagrada.
- Dançarino.
- Decida-se no relacionamento.

- Decorador.
- Decorador de Interiores.
- Defesa Civil.
- Defesa contra o colapso de onda dos demais nos seus negócios.
- Delegar atribuições e poderes.
- Dependência Desenhista.
- Designer Gráfico, caligrafia etc.
- Despachante.
- Detetive.
- Dimensões extras da realidade.
- Diretor.
- Divórcio.
- Dor da perda do relacionamento.
- Economista.
- Editor.
- Editor de Livros.
- Editor de Vídeo.
- Editoração Eletrônica.
- Editoração Gráfica.
- Eletricista.
- Empreendedor.
- Enfermeira.
- Engenheiro.
- Engenheiro Eletricista.
- Engenheiro Eletrônico.
- Entretenimento.
- Entrevistador.
- Entrevistas de emprego.
- Escreva currículos de sucesso.
- Escrita automática.
- Escritor.
- Escritor de Resumos.
- Escultor.

- Especialista em Budismo.
- Especialista em Capital de Risco.
- Especialista em Cristais.
- Especialista em Eneagrama.
- Especialista em Hedge.
- Especialista em Impostos.
- Especialista em Indicadores e Probabilidades.
- Especialista em Psicologia dos Mercados.
- Especialista em Wall Street.
- Especialista na Curva de Crescimento.
- Especialista na Teoria do Caos.
- Especialista na Teoria dos Ciclos.
- Especulador.
- Espiritualidade nos negócios.
- Esportes (atletas, gerentes, vendas).
- Estética.
- Estimula novas ideias e invenções.
- Executivo de carreira.
- Falar em público.
- Falar no telefone.
- Fale e venda com facilidade.
- Fale facilmente com o sexo oposto.
- Filosofia.
- Financista.
- Fotografia.
- Fundos.
- Galeria de Arte.
- Garçom.
- Genialidade para atuar nos mercados.
- Gerenciamento de Stress.
- Gerenciamento do Tempo.
- Gerente de Fundos de Aplicações.
- Gerente de sucesso.

- Grafologia.
- Gramática e escrita.
- Grandes desapontamentos.
- Herbologia.
- Herói.
- Hipnólogo.
- Homem de negócios de sucesso.
- Hotel.
- Iluminador.
- Importação e exportação.
- Iniciativa e motivação. Supere a procrastinação.
- Instinto nos negócios.
- Instrumentista.
- Internet.
- Intuição e instintos.
- Invencibilidade nos esportes.
- Investidor em ações.
- Investidor em aquisições.
- Investidor em commodities.
- Investidor em derivativos.
- Investidor em fundos mútuos.
- Investidor em mercado de opções.
- Investidor em mercado futuro.
- Investidor em metais.
- Investidor em ouro.
- Investidor em prata.
- Investidor em títulos do tesouro.
- Jardineiro.
- Jovem estudioso, atencioso, polido, limpo, responsável, honesto.
- Karatê.
- Kundalini.
- Leitura da aura e vibrações.
- Leitura e escrita de memorandos.

- Liberte sua capacidade cognitiva e intelectual.
- Líder e motivador.
- Línguas estrangeiras.
- Linguista.
- Literatura.
- Livros.
- Lojistas.
- Loja para cachorro e gato.
- Mágica.
- Manutenção de automóveis.
- Manutenção de aviões.
- Manutenção de computadores.
- Maquiagem.
- Maquinista e mecânico.
- Marceneiro.
- Marketing.
- Marketing pessoal.
- Massagem.
- Matemática.
- Mecânico.
- Médico.
- Meditação para os negócios.
- Meditação profunda.
- Medo das apresentações e falar em público.
- Medos.
- Memória fotográfica.
- Memória nos negócios.
- Mente muldimensional nos negócios.
- Metafísica.
- Metafísica para atuar nos negócios.
- Mímico.
- Modelo Museus.
- Música.

- Músicos.
- Negociação.
- Ninja.
- Níveis multidimensionais.
- Novas ideias e *brainstorming.*
- Numerologia Nutricionista.
- Ópera.
- Operário.
- Orador.
- Parapsicologia.
- Pedras preciosas.
- Pêndulo.
- Pensamento Multidimensional.
- Pensamento profissional.
- Percepção extrassensorial.
- Personagens literários, novelas, filmes, teatro etc.
- Pessoa ilimitada.
- Pessoalmente assertivo e forte.
- Pet shop.
- Pintor.
- Pintura.
- Planos de aposentadoria.
- Poder mental nos negócios.
- Poder Zen nos negócios.
- Prazer ganhando dinheiro.
- Prestação de serviços.
- Processamento de dados.
- Processamento de palavra.
- Procrastinação.
- Produtor.
- Professor.
- Profissionais de vídeo.
- Profissional em antiguidades.

- Profunda concentração nos esportes.
- Programador Analista.
- Programador de Computador.
- Projeção astral.
- Projetar sua imagem pessoal.
- Projete uma aura de sucesso.
- Projetista.
- Psicometria Psíquico.
- Publicidade.
- Química.
- Radiestesia, cinesiologia e outros.
- Rádio.
- Radiologista.
- Raja Yoga.
- Recepcionista.
- Reflexologia.
- Reinos mineral, vegetal e animal.
- Relações Públicas.
- Religiões.
- Restaurante.
- Roteirista.
- Runas.
- Saúde.
- Secretária.
- Segurança e alarmes.
- Seguros.
- Separação.
- Serviço Social.
- Serviços de Alimentação.
- Sexto sentido nos negócios.
- Software.
- Sonhos e conhecimentos superiores.
- Sonhos lúcidos.

- Sonhos poderosos com negócios.
- Stress da carreira.
- Superaprendizagem.
- Supere a autoindulgência.
- Supervisor.
- Tai Chi.
- Talentos.
- Tantra.
- Tarot.
- Táticas e estratégias nos negócios.
- Teatro.
- Telefone.
- Telepatia.
- Televisão.
- Tenha grande senso de humor.
- Terapeuta.
- Top Model.
- Trabalhadores de bares.
- Tradutor.
- Tranquilidade e paz.
- Traumas.
- Treinador de equipes.
- Velas.
- Venda de automóveis.
- Venda de aviões.
- Vendas.
- Vestuário.
- Vidas passadas.
- Visão de mundo.
- Visão superior nos negócios.
- Visualização criativa.
- Vocalista.
- Xamanismo.

- Yoga.
- Zen.

Resultados

Temos os seguintes resultados quando o processo termina:

- Profunda transformação interior.
- Elevadíssima autoestima.
- Autoconfiança total.
- Autodomínio.
- Alegria.
- Independência.
- Livre da busca de aprovação.
- Livre dos condicionamentos.
- Prosperidade em todos os sentidos.
- Autorrealização.
- Autoevolução.
- Pensamento Multidimensional.
- Criação dos próprios resultados.
- Criação da própria realidade.
- Liberdade para Ser.
- Superação das limitações.
- Descoberta do Território sem os mapas de outros.
- Libertação das programações anteriores.
- Ascensão a um Novo Paradigma.
- Infinitas Possibilidades.
- Segurança em si próprio.
- Equilíbrio em qualquer crise.
- Foco aberto e fechado.
- Centrado nos resultados desejados.
- Crescimento Ininterrupto.
- Crescimento por meio do Caos.

- Promove um sentimento de Poder e Força. Mantém um estado de ânimo competitivo.
- Promove um sentimento de felicidade e bem-estar. Elevado bom humor.
- Promove e facilita à oratória. Aumenta a persuasão.
- Promove a coragem para enfrentar qualquer desafio.
- Promove o sentimento de autodefesa.
- Promove a eliminação gradual das atitudes de autossabotagem.
- Promove a determinação de objetivos e metas.
- Facilita a expansão mental.
- Promove aumento na produtividade pessoal.
- Promove à calma e tranquilidade.
- Auxilia na manutenção da saúde.
- Facilita a integração com o sexo oposto.
- Promove a mudança mental e emocional necessária para o sucesso.
- Promove a mudança mental e emocional de confiança em si mesmo.
- Promove a mudança mental e emocional para a prosperidade.
- Diminui a agressividade.
- Aumenta a tolerância.
- Aumenta a motivação em relação a viver e ao futuro.
- Aumenta a afetividade.
- Aumenta a cooperação entre as pessoas.

Expansão de consciência sem limites. Passa-se a perceber o mundo com outros olhos. Abrem-se as "cortinas". O véu é descerrado. A visão de mundo muda constantemente e as infinitas possibilidades aparecem como coisas concretas. É uma mudança de percepção sem limites. A informação que entra expande sem cessar a capacidade de percepção, análise e síntese; entendemos o mundo como nunca antes e, isso, num crescendo infinito.

Percebemos as múltiplas realidades que criamos com nossos pensamentos e sentimentos. Sabemos discernir quando estamos criando os problemas e situações negativas, evitando assim de fazê-los.

O magnetismo pessoal muda rapidamente e atraímos tudo que pensamos e sentimos muito mais rápido. Tudo é potencializado. Ficamos mais fortes, mais confiantes, com mais autoestima, mais segurança, mais centrados, mais equilibrados, mais amorosos, mais poderosos, equilibrando as energias *yin* e *yang* da maneira ótima.

Passamos a pensar da maneira correta e com isso produzimos os neurotransmissores no ponto ótimo, totalmente equilibrados. Isso se traduz em um sentimento oceânico de fluxo com a natureza e o mundo. Estado de Consciência Cósmica. É um estado de felicidade constante com muita atividade e realização. Faz com que atraiamos as melhores pessoas para nós, os melhores empregos, os melhores clientes, os melhores negócios etc. É o estado de pico de que Maslow falava.

Passamos a ver a floresta e a árvore ao mesmo tempo, alternando de acordo com nosso foco. O pensamento estratégico é expandido ao máximo.

Mais vontade e impulso de viver intensamente. Amadurecimento rápido em todos os sentidos. Maturidade e energia ao mesmo tempo.

O estado de humor passa a ser positivo e vemos a vida como oportunidade de crescimento e evolução infinitos. As dificuldades como oportunidades. As adversidades como desafios. Exploramos nosso potencial até o limite máximo. Adoramos participar do jogo da vida.

É muito importante destacar que o processo dessa ferramenta permite a pessoa incorporar todo o conhecimento, experiência, habilidade, mental, emocional, consciência, enfim de todas as características do Arquétipo desejado. Isso significa que não aprendemos pelo mental, incorporamos completamente a outra energia e alçamos um novo patamar de evolução.

É um salto quântico literalmente falando.

É muito diferente de ler um livro ou fazer um curso. Dessa forma, estamos captando o mental do livro ou do curso. No caso da ferramenta estamos assimilando o emocional desejado. Tornamo-nos aquilo que queremos ser. Por exemplo: no caso de dinheiro e prosperidade a pessoa quer ser um grande empresário. Porém, para ser isso é preciso ter o emocional do grande empresário. Não basta ter o mental ou ler livros sobre ele ou que ele tenha escrito. É preciso sentir como ele. Essa é a diferença entre as pessoas que tem sucesso e as demais. É o sentimento, a emoção, todo o emocional. Assim, com o uso da ferramenta a pessoa passa a pensar e sentir como o Arquétipo. E isso que dá o resultado. Desta forma, muda todo o magnetismo da pessoa. Esta ferramenta permite incorporar tudo isso no nível quântico da pessoa.

Limpeza de Energias Negativas (magia negra)

Esse é um processo em que uma pessoa por inveja ou competição contrata alguém para enviar uma carga energética com polaridade negativa para determinado endereço. Tudo no *continuum* espaço-tempo tem um endereço. É algo de pura física, porém feita por alguém que não conhece física, mas conhece empiricamente como manipular coisas materiais para conseguir o mesmo fim.

Quando se fez a bomba atômica se fez a mesma coisa. Manipulam-se alguns quilos de urânio enriquecido ou plutônio e liberta-se a energia contida em alguns quilos de matéria ou massa. Como massa ou energia é a mesma forma, é mais "produtivo" soltar a energia do que jogar uma bola de 3 (três) quilos de avião. Neste caso a bola de urânio poderia matar uma pessoa e a energia da bola matou 80 mil na hora. Muito mais eficiente usar a energia, não?

Esse é um aspecto extremamente importante e interessante de aplicação da Ressonância Harmônica. É possível limpar qualquer coisa, seja pessoa ou local de energias negativas, que na verdade são cargas invertidas. Quando o magnetismo é positivo tudo está bem, mas quando está invertido temos todo tipo de problemas. Lojas que param de vender de um mês para outro, perdendo 80% do faturamento e não conseguindo recuperar até que se limpe o local.

Isso é o que o povo chama de: magia negra; quando se coloca energia de carga invertida em um local ou uma pessoa. É possível limpar completamente e resolver a situação com a ferramenta de Ressonância Harmônica.

Embora muitas pessoas não acreditem na existência desse assunto, é pura questão de Física. Quando não se sabe como manipular o magnetismo é normal achar que não é possível. Só que os resultados são extremamente negativos para quem é a vítima. Às vezes é muito instrutivo, porque quando se sente na própria pele é que se entende que existe. Esse é um assunto tabu, porém é uma realidade. Muitas pessoas procuram a solução na "calada da noite", como se fala, e em público nega, terminantemente, que isso exista.

O importante é que você saiba que existe solução para esse problema.

Depoimentos

Cliente 1

Sabe que o efeito pós-palestra não cessa? Os *insights*, uma frase, um trecho vão surgindo e uma cascata de ideias se formando. Quando você detalha o óbvio, por exemplo, que tudo emerge do Vácuo Quântico e explica que emergir não é ser expulso; que Vácuo não é ausência, mas o Todo, o princípio de tudo; que tudo é onda e as implicações disto; das muitas realidades paralelas e exemplifica; dos Arquétipos e da ação potente e independente da vontade; enfim, quando você destrincha a informação, ela entra de maneira muito diferente, afeta e desconstrói paradigmas ao mesmo tempo em que vai reorganizando de maneira mais intensa ainda. É como se você tivesse dado o mapa e agora estivesse mostrando o percurso metro a metro, deixando cada vez mais palpável e concreto aquele trajeto, abrindo e sensibilizando áreas mais específicas e internas no cérebro. Parece banal explicar o óbvio, mas o efeito é profundo, nítido e muito diferente.

Cliente 2

Os resultados vêm se multiplicando dia a dia. O que antes era feito com esforço passa a fluir naturalmente, chegando a "bater a meta" de vendas da semana, do setor, sozinha em um dia (quatro seguros). Com a capacidade potencializada para o trabalho em si, a confiabilidade do cliente e a satisfação já geram a predisposição à aceitação do produto. Estar num atendimento e receber pedido de orientação, seja dos colegas, seja do gerente geral, passou a ser corriqueiro. Com isso percebi outra habilidade desenvolvida: facilmente atendo quatro pessoas ao mesmo tempo, sem problema algum. Passei a gostar cada vez mais de desafios. Os casos difíceis, complicados, que gerente nenhum quer são passados para mim e sem dificuldade alguma, são resolvidos. A percepção de qual argumentação, de acertar qual melhor abordagem para aquele cliente surge desde que ele se senta. O *insight* vem e é só segui-lo.

Simples assim. A energia muda, a forma de pensar se abre, o gosto pelo crescimento toma vida, a sede de progredir e de escalar mais alto passa a ser parte integrante da nossa meta. Vender sem parar é só consequência de todo um processo muito maior que ocorre com o uso da ferramenta. Ela nos desperta de um sono letárgico e nos põe em contato com o verdadeiro motivo de estarmos aqui. Mais ainda, nos mostra que depende de nós e nos potencializa para tal. O ciclo se completa com o sucesso aumentando ainda mais nossa autoestima e nos motivando para ir mais e mais além. Maravilhoso atalho para felicidade!

Cliente 3

Após o início da Ressonância Harmônica, passei a perceber mudanças marcantes em minha vida. Percebi que as grandes coisas começam a se materializar com as mudanças das pequenas coisas. Eu detestava estudar e aproximadamente 4 (quatro) meses após o início do tratamento, peguei gosto e hoje posso dizer que sinto prazer quando estou estudando.

A partir da minha adolescência, eu me tornei uma pessoa estressada, descontrolada e muito emotiva, estive assim durante uns cinco anos. Hoje já posso dizer que mantenho a calma com muita facilidade e antes de estressar com alguma coisa aprendi a fazer autorreflexão, e a partir daí obtive autocontrole.

No início, achava que a Ressonância Harmônica seria mais um tratamento frustrado e que eu perderia meu tempo, mas quando as oportunidades e possibilidades de melhorar apareceram, vi que era algo sério. Posso dizer que saí do fundo do poço e aprendi que a vida é algo divino e existem milhões de possibilidades para torná-la cada vez melhor e a Ressonância Harmônica é capaz de mostrar isso a qualquer pessoa.

Cliente 4

48 anos, médica, utilizando a ferramenta há nove meses.

Há alguns anos tive as primeiras informações sobre Física Quântica e as implicações que o entendimento da natureza íntima da matéria tem sobre a construção da nossa realidade.

Quando soube da existência dessa ferramenta embasada nos princípios da Mecânica Quântica, entendi de imediato o poder de transformação que ela pode proporcionar e comecei a utilizá-la.

Já nos primeiros dias, experimentei uma sensação de bem-estar constante, uma espécie de euforia, seguida pela sensação de poder enfrentar qualquer desafio, de poder realizar todas as coisas que desejava. É como se as minhas limitações fossem sendo eliminadas uma a uma. Paralelamente, notei melhora importante na disposição física e mental. Desde então, não apresentei mais nenhum sintoma ou sinal de adoecimento.

Já no primeiro mês houve um crescimento notável no meu desempenho profissional, o que gerou maiores rendimentos financeiros e expansão nos negócios. Além disso, surgiram novas oportunidades profissionais, o que vem me proporcionando grande motivação e satisfação.

Durante esse período, fiz muitos contatos novos, amigos e parcerias poderosas que tem me ajudado a realizar meus projetos de vida mais ambiciosos. Adquiri novas capacidades como música, literatura, oratória, idiomas. Aumentou muito a minha capacidade de estudo e compreensão de assuntos complexos, dentro do campo científico. Minha capacidade de comunicação ampliou, gerando convites para trabalhar na área de educação médica. Todas essas aquisições vêm expandindo meus horizontes como um ser humano integral.

O mais espetacular é perceber que o que você deseja se realiza com muita rapidez. Pela primeira vez você se sente como cocriador poderoso e ilimitado. Tudo isso, resultado da expansão contínua de consciência, que nos possibilita entrar em fase com a inteligência universal. É fantástico entender que esse crescimento é infinito e ilimitado.

Essa mesma expansão da consciência me fez olhar para a humanidade de maneira diferente. Afinal, somos emanações no mesmo campo quântico. Cresce a cada instante a vontade de poder estender ao maior número de pessoas os benefícios de viver uma vida de felicidade e realização. Imaginem o efeito maravilhoso dessa ferramenta nas nossas crianças, que poderão crescer de maneira vertiginosa, além das nossas expectativas! Minhas filhas já têm este privilégio, assim como muitos familiares, amigos e clientes. Já consigo ver como seria o mundo se todos pudessem criar suas próprias vidas de maneira ilimitada...

Esse é o poder da Ressonância Harmônica, uma ferramenta de consciência, evolução, de realização pessoal e coletiva, desenvolvida pelo Prof. Hélio Couto, uma mente verdadeiramente brilhante e visionária; homem dotado de um espírito curioso e explorador, que vem nos oferecer o que há de mais inovador no campo do desenvolvimento humano, numa época em que a humanidade mais dela necessita.

Cliente 5

Há quase um ano, venho investindo em minha vida os efeitos do trabalho muito bem elaborado pelo Prof. Hélio Couto, que de maneira clara, transparente, ética e profissional desenvolve utilizando-se dos efeitos da Mecânica Quântica sobre o nosso ser.

Deixo claro que não se trata de nenhum milagre ou mágica, uma vez que os efeitos em nós aplicado por ondas magnéticas somente têm eficácia se você se permitir as transformações internas que elas provocam.

Dessa forma, logo após a utilização do primeiro *link* enviado com a gravação, por meio do qual aceitei as radicais mudanças em minhas crenças diversas, quebra de paradigmas, aceitação e respeito ao próximo e outras, pude evidenciar, quase que instantaneamente, que minha energia e meu magnetismo estavam sendo percebidos por todos, quer seres humanos, quer animais, inclusive.

Posso relatar das mais variadas formas e lugares, quer na rua, quer em órgãos públicos, quer no local de trabalho, e até entre familiares, onde as tarefas, trabalho e compromissos, aparentemente difíceis de desenvolverem, fluíam e se resolviam com pouco esforço e com tranquilidade.

Também emerge de nossas entranhas uma força incrível de equilíbrio e segurança, além do contágio de alegria e bem-estar nitidamente perceptível aos que nos rodeiam e observam. O magnetismo que já possuía ficou intenso e triplicado, o que me permiti hoje abrir e adentrar por portas antes inatingíveis...

Enfim, eu recomendo, com a observação de que você tem e deve se permitir que essa "energia modificadora" atue sobre você com o melhor propósito de conscientização humana!

Cliente 6

Conheci o professor por meio do programa de rádio, falando de: Física, Mecânica Quântica e da ferramenta de Ressonância Harmônica. Chamou-me a atenção pela visão paradoxal, então fui à busca de informação com o intuito de aprender.

Quando comecei a utilizar a ferramenta de Ressonância Harmônica, há dois anos, solicitei a validação do diploma estrangeiro. Alguns meses depois, estava com o diploma validado, assim as solicitudes e os resultados foram se somando.

A minha família mora no exterior, como o trabalho do professor ultrapassa fronteiras, além do tempo-espaço, chegou até eles por meu intermédio. Também transmito todas as informações assimiladas nas palestras tanto verbalmente, quanto no pensamento.

Alguns exemplos do que é solicitado a serem transferidos pela ferramenta da Ressonância Harmônica são: conhecimento em pesquisa, frequência de cura, frequência de fármacos, equilíbrio psico-neuro-endócrino, Arquétipo da autoconsciência corporal, transferência de cursos, abertura de clínica veterinária, frequência de proteínas minerais e aditivos para a formulação de ração bovina etc.

Realizou os pedidos com a alma, o coração, o sentimento e com a convicção de que serão concretizados, pois os resultados são surpreendentes, começam a surgir em uma semana, um mês, dois meses. É muito prazeroso vivenciá-lo, não é ficção.

O trabalho do professor é extraordinário, inovador e corajoso.

Cliente 7 – Quer vender a empresa

Palavras do cliente: "Hélio, está tudo certo para o comprador. Ele começa segunda-feira, com sua ajuda vou conseguir meu objetivo em paz. Obrigada".

Cliente 8

<u>Depoimento real sobre as bênçãos da ferramenta que o Prof. Hélio Couto nos proporciona</u>.

Eu, professora há 28 anos, graduada em Química e com cargo efetivo, também palestrante desde 1997, com pós-graduação em Programação Neurolinguística, vinha num processo de degradação financeira desde 2004, a ponto de em 2006 não ter mais carro e somente dívidas que cresciam, como fermento de um pão faz na massa num dia quente. Sem saber o que fazer, procurei por Igrejas, cartomantes, benzedeiras e outros para me ajudar, mas a coisa parecia que não tinha freios numa decida quase que vertical. Apesar disso tinha que continuar trabalhando, mesmo me sentindo "a última bolacha do pacote". Foi então, quando fui fazer uma palestra em uma escola, onde falei as palavras "Física Quântica" e no final da palestra uma professora veio me falar e perguntou se eu conhecia o trabalho do Professor Hélio Couto (isso foi no dia 13/10/2008). Fiquei surpresa, pois nunca havia ouvido nada sobre ele, e aí essa professora me convidou para uma palestra que seria realizada no domingo (18/10/2008) no Clube 1° de Maio, em Santo André, às 16 horas. Sem pensar se devia ou não ir, fui e fiquei bastante surpresa com o número de pessoas presentes e, também, com o nível do público. Mas fiquei mais encantada quando o professor começou a discursar sobre o assunto, pura Física Quântica, aquela física que não aprendemos na escola, mas que desmitifica o que acontece em nossa vida. Mais uma vez, sem titubear, resolvi marcar uma consulta para a próxima quinta-feira (22/10/2008), pois tudo ou pelo menos quase tudo o que se havia dito na palestra complementava o que havia aprendido na pós-graduação em PNL. Sabia no meu íntimo que era aquilo que estava procurando.

No dia 22 estava eu lá para me consultar, mas quase não vou, pois aconteceu de tudo para que eu não fosse, mas graças a Deus consegui ir. Chegando lá, na frente do professor, me sentia menos que zero à esquerda, a ponto de o professor chegar até a engasgar-se, pois conseguiu sentir o que eu estava sentindo, ou seja, no fundo do poço, se é que poço tem fundo!

Saí de lá mais aliviada, pois afinal surgia uma luz no fim do túnel.

Na segunda-feira (26), durante o dia, senti um desconforto na região da nuca e a partir daquele momento sabia que as ondas eletromagnéticas já estavam chegando, ou seja, consegui perceber o momento no qual o professor estava gravando o meu CD e daí foi. Busquei o CD na quinta-feira (29) e fiz tudo direitinho, colocando o CD para tocar todos os dias (atualmente é enviado um *link* com a gravação). As mudanças eram sutis, mas eram reais, tão reais que ao andar na rua as pessoas (homens e mulheres) me olhavam com admiração e aquilo era tão engraçado que eu comecei a me observar para ver se não estava suja ou com o zíper aberto, mas não, percebi também que as pessoas olhavam, mas não entendiam o que estavam olhando. Eu em particular me sentia diferente por dentro, mas não sabia explicar.

Vocês que estão lendo esse relato, devem estar querendo saber se a minha parte financeira já estava melhorando, mas sinto lhes informar que quanto a isso a coisa só continuava a piorar. Então, vocês devem estar pensando e onde estão então as bênçãos da ferramenta, pois parece que não está resolvendo nada?! Mas é aí que tudo começa, pois na realidade a situação financeira só foi a forma pela qual Deus (Vácuo Quântico) me atraiu. É como aquele antigo ditado "se você não vai pelo amor, vai pela dor", afinal o que eu precisava verdadeiramente era exercer o "conhece-te a ti mesmo" e o "cura-te a ti mesmo". Coisas que novamente a escola não nos ensina e agora com a evolução planetária, em seu auge, tinha eu também que correr atrás da minha evolução, pois o todo só se desenvolve se a parte, ou melhor, as partes se desenvolverem juntas.

Dentro de mim, conforme o tempo passava, ocorria uma grande revolução, pois conforme as gravações mudavam, o amor crístico brotava em meu coração e esse amor se desenvolve quando, na ferramenta, o professor ajusta nossos neurotransmissores elevando-os com a mesmo intensidade (os neurotransmissores são: endorfina, serotonina e a dopamina). Ao mesmo tempo em que tudo isso ocorria, começava a limpeza de tudo o que me ocorreu nesta e em vidas passadas, de maneira intensa e condensada. Estava vivendo, literalmente, uma "montanha-russa de emoções", mas com um diferencial, pois agora me sentia inteira, segura, corajosa mesmo para encarar de frente tudo isso.

Neste momento gostaria de poder tirar uma foto interna para que as pessoas pudessem entender o que se passava comigo. Paralelamente a isso, dentro do meu coração desabrochava um amor por meus alunos, que jamais havia sentido, era como se estivesse por meio dos meus alunos aprendendo a amar Deus acima de todas as coisas, a ponto dos alunos perceberem e comentarem comigo: "Professora, o que a senhora anda fazendo, pois até parece que quando a senhora entra na sala entra junto o Sol". Comecei não só a sentir amor por eles, mas também comecei a declará-lo e foi maravilhoso, pois esses alunos (adultos) estavam agora me declarando amor também. O amor dentro de mim cresceu, mas por aqueles os quais eu já amava, e assim me sentia parte do todo. Meu nível de entendimento das coisas e do mundo foi aumentando, eu que, embora tanto tempo professora e palestrante, agora havia desenvolvido uma forma mais segura e natural de falar em público, inclusive com humor, é isso, conseguindo fazer as pessoas rirem de coisas sérias, mostrando que "saber" tem que ter "sabor".

Bom, quanto ao lado financeiro, piorou muito para começar a melhorar depois, parecendo até com a ação do tratamento na Homeopatia, que às vezes piora para depois melhorar. Sabe, nesse momento me questionava "por quê?", mas lembrei que a pergunta é "para quê?" Sei agora, 18 julho de 2010, que a ferramenta funciona diferente para pessoas diferentes em tempos também diferentes, mas o propósito é o mesmo, recuperar milhares de anos atrasados em nossa evolução para que em muito em breve possamos, por meio da melhora em todos os sentidos, viver o "Céu" na "Terra", afinal nosso Senhor Jesus, o Cristo, já dizia: "assim como é na terra é no Céu".

Não se espante se as pessoas a sua volta não gostarem nem entenderem sua mudança, pois todo estado tem uma frequência diferente que pode não ser entendida. Quero ainda que saibam: Agradeço a Deus todos os dias a ferramenta, a qual fez por mim, em menos de dois anos, o que uma terapia tradicional talvez não desse conta nesta vida.

Cliente 9

Sente-se o comprometimento do Prof. Hélio Couto em expandir a nossa consciência para a realidade do Universo a todo instante, seja via seus vídeos, palestras, atendimento. A Física Quântica passa a fazer a diferença em nossas vidas e, por meio de ensinamentos seguros, vamos experimentando uma forma vitoriosa de vencer no dia a dia. Questões antes tão difíceis, tidas como inatingíveis, chegam até nós sem esforço. É importantíssimo esse entendimento para entrar no assunto em si, pois sem entender como funciona fica parecendo ficção científica mesmo e sem crença real nada acontece. Sua explicação ocorre sempre de uma nova forma e a distante Física Quântica passa a ser entendida, aceita, respeitada e vivenciada. Quando sua palestra termina, ninguém quer realmente que termine, pois é despertada em nós a ânsia de saber mais. Quem o acompanha passa por um impasse: entende, sabe o que tem que fazer, mas nem sempre consegue executar. Às vezes, o que está tão explícito e nítido, para quem está emocionalmente envolvido é o mesmo que breu. A ferramenta desfaz esses nós e, com a nossa permissão, com a nossa faxina interna, focando o perdão de dentro para fora, sincero, abre-se a porta da vitória e da felicidade. Tenho.

Sou. Agradeço. Isso é ouro. Quantos acertos para quem absorver isso!

O exemplo da compra indecisa do carro comparando com o que muitas vezes fizemos com o Universo é algo que incorporei na minha vida e faz toda a diferença: preciso primeiro decidir o que quero com certeza para que isso se realize. Também a explicação da ausência de clientes com o uso da ferramenta, uma vez que ela potencializa o que 100% do indivíduo me marcou muito: os 87% inconscientes também são potencializados e aí o quanto é fundamental limpar-se, libertar-se, perdoar para se ter êxito. Perdoar, palavra-chave. Sem profunda e real honestidade, o resultado será retardado por nós mesmos. Se os vídeos viessem sem título não conseguiria ordená-los nos respectivos temas. Eles são totalmente abrangentes alcançando o todo do indivíduo. Achei parte de espiritualidade, relacionamentos, sucesso em todos eles. Aliás, no vídeo de negócios você cita o novo Evangelho ("dar a outra face") com a interpretação na Física Quântica: perfeita interpretação da importância de cancelar todo negativo e preencher com o positivo. Você citou também a renovação física pela qual passamos e o quanto remoçamos com a Ressonância. Assino embaixo.

As aspirações profissionais, sentimentais e pessoais estão exponenciando em qualidade de maneira maravilhosa na minha vida. Sinto o Sol brilhar e isso independe do exterior, vem de dentro. Vale a pena toda catarse, pois é sinônimo de libertação e cura, trocando tudo que não tem mais valor por uma bagagem nova, saudável, repleta de vitórias e felicidade concreta. Ferramenta abençoada, que acelera e facilita nossa realização plena aqui e agora. Obrigada, professor! Sou feliz.

Cliente 10

Comecei a terapia com o Prof. Hélio Couto por motivos muito diferentes dos quais me levam hoje a continuá-la e a admirá-la cada vez mais. No início, a intenção era melhorar meu filho. Hoje, com uma visão bem diversa da vida, minha meta é crescer, expandir, melhorar, fazer a diferença, dando o melhor. Isso gera uma alavanca em minha vida e colho os frutos, diariamente, em todos os setores dela. Não é mágico: é despertar de consciência e mãos à obra. A "magia" fica por conta dos caminhos que se abrem, resultado da nossa positividade, da nossa sinergia com a luz. Passamos a ser luz. As nossas escolhas não são somente nossas. É o Todo agindo. É um processo que requer de mim muita vigilância, pois muitas vezes não paro para ouvi-lo. Silenciar meu ego para escutar, realmente é imprescindível. Comecei a enxergar as situações cotidianas mais difíceis como um motivo de questionamento interior: "O que Deus quer de mim com isso? Qual é a mensagem intrínseca?" E a resposta sempre vem!

As transformações que isso acarreta são maravilhosas e passam a ocorrer com facilidade e em cascata quanto mais incorporo essa expansão. No trabalho passei a ser foco de elogios tanto dos clientes quanto dos colegas, com resultados extremamente elevados, principalmente em vendas, sempre casadas com excelentes atendimentos – ninguém sai sem ter resolvido sua questão de maneira honesta e transparente. Se não tenho conhecimento suficiente para a solução, vou atrás até que consiga. Isso gera um diferencial e logo a bagagem profissional se amplia de maneira que hoje, muitas vezes, sinto-me como "ilha de conhecimento", sendo requisitada até pelo gerente-geral para sanar suas dúvidas ou ter minha opinião.

Gosto muito do que faço e o faço com amor. Mas a expansão é tamanha que começa a ficar limitado demais o meu grau de atuação. Não há nesta constatação vaidade, e sim verdade. Sinto que tenho potencial para abranger algo muito maior. Atualmente, quero capacitar-me mais profundamente para poder realizar o que realmente vim realizar. Não tenho a ideia totalmente formada do que é, mas é grande e fará a diferença em qualidade de vida para muitas pessoas. Estar aberta às infinitas possibilidades faz parte dessa expansão. É possível voar literalmente e em plenitude! Infinitos obrigados,

Professor! Hoje a Vida corre em minhas veias e jorra abundância material, física e espiritual! Maravilhoso!

Alguns exemplos do uso da ferramenta

Caso 1: vendedora de joias que tem 300% de aumento de vendas em um ano.

Caso 2: executivo inicia com aproximadamente 100 funcionários e depois de um ano está com mais de 1.000. Ganhando contratos de mais de R$ 100 milhões da concorrência. Duas promoções em um ano.

Caso 3: agência de banco tem aumento de 150% no resultado da agência em dois meses.

Caso 4: empresa de médio porte tem aumento de 10% nas vendas em um mês.

Caso 5: caixa de banco que é a primeira em vendas na agência, pois vende tão facilmente que ajuda aos demais colegas com suas próprias vendas. Quando está em outra função, atende quatro clientes simultaneamente em coisas diferentes. Ao mesmo tempo, vende aplicações e seguros sem parar, como: quatro vendas num dia só e aplicações de mais de cem mil reais, dadas como perdidas pelos outros funcionários. Recebe elogios sem cessar do gerente-geral.

Caso 6: vendedor de seguros que de uma situação de nunca ter vendido na vida, passar a líder de equipe em poucos anos.

Caso 7: corretora de imóveis que passa de uma situação estagnada para vender imediatamente. Porque quando se implanta um campo magnético tudo acontece rapidamente.

Caso 8: gerente de vendas que passa a empresa de 43º para 3º lugar no mundo.

Caso 9: temos uma loja que é considerada o "melhor atendimento do shopping" em que fizemos o trabalho da Ressonância.

Caso 10: cliente que recebe precatório em menos de um mês após iniciar o trabalho de Ressonância. Esse mesmo cliente compra um carro novo no segundo mês.

Caso 11: empresário compra uma máquina cara, que não funciona corretamente. Depois da Ressonância a máquina funciona. Aumento de 100% de faturamento em 6 meses.

Caso 12: oferta de emprego em uma semana de uso da ferramenta.

Caso 13: aluna de cursinho na Classe 1 avança 20 posições no primeiro mês da ferramenta. De 46ª para 26ª. Também começa a namorar no mesmo mês.

Caso 14: corretora de imóveis que não vendia e já no primeiro mês começou a fechar negócios. Depois de 6 meses é a primeira da imobiliária.

Caso 15: vendedor com 3 meses de Ressonância faz 170% da meta.

Caso 16: gerente de banco fecha a meta semestral em um mês. Foi promovida e, para substituí-la, serão necessários seis funcionários.

Caso 17: com um mês de Ressonância, a pessoa de 19 anos consegue emprego.

Caso 18: cliente com depressão por rompimento com o namorado, em estado de choro e desespero. Um mês depois está totalmente recuperada.

Caso 19: cliente diz: "Fiquei pasma, porque pude ficar perto do ex-namorado sem sentir mais nada por ele".

Caso 20: cliente que arrumou excelente emprego em um mês.

Caso 21: cliente vendedora com grande dificuldade em fazer suas vendas serem concretizadas. Os clientes não confirmam as compras. Após seis meses todas as vendas são confirmadas pelos clientes.

Caso 22: cliente projetista, em um mês comprou carro.

Caso 23: cliente músico. Em oito meses produz seu próprio CD.

Caso 24: cliente com depressão. Em sete meses problema resolvido.

Caso 25: cliente Professora. Em um mês a visão melhorou. O inglês melhorou. Em dois meses perdeu o gosto por comer chocolate.

Caso 26: cliente Engenheiro. Depois de seis meses está pensando em trabalho alternativo. Grande melhora no relacionamento familiar.

Caso 27: grande melhoria na sociabilidade.

Caso 28: cliente com profundo sentimento de mal-estar generalizado o tempo todo. Depois de sete meses excelente bem-estar.

Caso 29: depois de sete meses emagreceu 22 quilos.

Caso 30: esteticista. Em dois meses tem profunda melhora no sono, na organização pessoal, nos negócios etc. Em sete meses viaja para a Europa para fazer curso.

Caso 31: sem interesse por sexo. Em quatro meses foi resolvido.

Caso 32: em um mês melhorou nos conhecimentos de português e matemática.

Caso 33: decoradora. Em um mês tem os sábados lotados de clientes.

Caso 34: empresário. Em dois meses os clientes voltaram.

Caso 35: estudante. Em dois meses melhorou muito no inglês.

Caso 36: cliente que morou na Inglaterra e tinha dificuldades para entender os americanos. Após usar a ferramenta entende tudo.

Caso 37: cliente com graves problemas de prosperidade. Em 6 meses resolvido.

Caso 38: professor. Em três meses profunda mudança e melhoria profissional.

Caso 39: em quatro meses resolvida a crise conjugal.

Caso 40: advogada. Profunda transformação interior. Muito feliz.

Caso 41: professora. Curso de pós-graduação na Europa.

Caso 42: gerente. Não consegue dormir. Em um mês consegue dormir quatro horas ou mais.

Caso 43: profundo trauma na infância. Em dois meses resolvido.

Caso 44: problemas de relacionamento familiar. Em um mês grande diminuição da raiva que sente.

Caso 45: profunda melhoria no problema com a bebida.

Caso 46: problemas de agressividade nos relacionamentos. Em quatro meses resolvido.

Caso 47: arrumou emprego no primeiro mês de uso da ferramenta.

Caso 48: grande melhora no relacionamento em três meses.

Caso 49: em dois meses muito mais proativa.

Caso 50: em três meses profunda diminuição da ansiedade.

Caso 51: cliente com complexo de inferioridade. Agora com profundo sentimento de felicidade pessoal e profissional.

Caso 52: músico. Após o uso da ferramenta é divulgado em importante revista de música.

Caso 53: empresário. Em três meses grande acréscimo de clientes.

Caso 54: em dois meses emprego arrumado.

Caso 55: dentista. Em dois meses o trabalho é reconhecido.

Caso 56: consultor. Complicado problema na empresa resolvido no primeiro mês de uso da ferramenta.

Caso 57: inúmeros problemas. Melhorou 80% no primeiro mês.

Caso 58: apareceu trabalho no primeiro mês.

Caso 59: analista. Nova consciência cósmica em um mês.

Caso 60: nas palavras do próprio cliente: Melhorou anos em dias.

Caso 61: profunda limpeza dos traumas em um mês.

Caso 62: cliente que perde 80% de faturamento em um mês tem seu negócio recuperado imediatamente.

Caso 63: cliente de 13 anos que parou de fazer "xixi" na cama.

Caso 64: cliente com dinheiro retido na justiça por meses, em duas semanas de Ressonância o dinheiro é liberado.

Vendas

No caso de vendedores, o resultado é excelente. Com o Arquétipo de Supervendedor, em poucos meses, o vendedor dá um salto em termos profissionais, pois agora ele atrai os clientes como "mel no formigueiro".

Lembre-se de que tudo é magnetismo. Principalmente em vendas. Isso aliado à capacidade superior de argumentação, resolução de objeções e facilidade de fechamento fazem com que as vendas alcancem recordes crescentes. Isso acontece, é claro, com aqueles vendedores totalmente comprometidos com sua profissão e que não resistem às transformações decorrentes do pedido de supervendedor. Reitero que, inicialmente, é preciso mudar tudo que impede a visão mental e emocional de um supervendedor. São características marcantes de uma personalidade de sucesso. Qualquer atitude mental ou emocional negativa, visão de mundo negativa, excesso de ansiedade atrapalha o processo. É preciso limpar tudo que esteja impedindo vir à tona uma personalidade cativante e amorosa. Que emana alegria e compaixão.

O amor é o sentimento mais magnético que existe e todos os grandes vendedores o tem em larga escala.

Esse trabalho não pode ser confundido com levar vantagem sobre os demais a qualquer custo. É preciso limpar os tabus, preconceitos, sair da zona de conforto, não se sabotar e mudar de paradigma para se ter os resultados excelentes que são possíveis. E são possíveis para qualquer pessoa que tenha boa vontade de mudar e grandes objetivos.

Deve-se ressaltar que, além de vender, essas pessoas passam a ter sucesso em tudo que fazem. Pois são alegres, equilibradas, centradas, confiantes, com excelente autoestima, vivem com desafios e crescem com eles. Nunca têm medo de metas e criam seus próprios desafios para crescer o máximo possível.

Bolsa de Valores

Para ser um investidor de sucesso é preciso, mais do que tudo, controle emocional absoluto. Só assim podemos avaliar, racionalmente, a evolução do mercado e tomar a decisão certa na hora certa.

Esse controle emocional e a capacidade de análise perfeita para saber a hora exata de comprar e vender é que faz a diferença.

É possível desenvolver esse equilíbrio no mais alto nível.

Aqui, mais do que em qualquer lugar, informação é vital. A capacidade de "ver" o que outros não veem é a causa do sucesso acima da média.

Esse ***feeling*** pode ser adquirido e desenvolvido.

Profissionais Liberais

No caso de profissionais liberais que não podem divulgar seu trabalho por questões de ética, isso é resolvido, mudando-se o magnetismo do profissional.

Atração magnética, carisma ou presença é uma qualidade física que pode ser implantada, mudada, aumentada etc. Toda a realidade física pode ser manipulada da maneira que quiser. Portanto, a divulgação do trabalho do profissional liberal está resolvida.

Coaching

Todas as qualidades e habilidades são informações que podem ser acrescentadas ou expandidas. Dessa forma, as possibilidades de crescimento são infinitas.

Basta determinar os objetivos e quais conhecimentos e habilidades são necessários para alcançá-lo.

Tudo que for necessário pode ser transferido para quem deseja o conhecimento.

Empregos

Em um mercado tão competitivo como o de hoje, é fundamental que a pessoa tenha bom magnetismo para atrair as respostas aos currículos enviados.

O controle da ansiedade, do medo, do desespero é vital para que sejamos chamados para a entrevista. Emanando-se a frequência certa de magnetismo, isso acontece rapidamente.

São inúmeros os casos de solução desse problema em pouquíssimo tempo. Basta que a pessoa emita a frequência certa para que a "porta" se abra.

Competências

Todas as competências que você precisa são Informações que podem ser acrescentadas ou potencializadas a você. Todas as habilidades são

Informações. Seja mental, seja emocional, tudo é Informação. No futuro todos serão formados, muito cedo, com toda a Informação requerida para o desenvolvimento máximo do potencial de cada um.

Estresse

O controle do nível de estresse é extremamente importante para que consigamos atingir todos os nossos objetivos. Isso é resultado do nível de controle emocional que temos. Essa capacidade e esse equilíbrio podem ser implantados e desenvolvidos, no nível que se desejar. Dessa forma, a longevidade de nossa carreira está garantida. Além do que, quando se atinge esse nível, nossa produtividade é máxima, produzindo os resultados e promoções que almejamos.

Resiliência

É a capacidade de a pessoa atuar sob pressão e mesmo assim conseguir alto nível de produtividade e realização. Essa habilidade também pode ser implantada e exponenciada.

Corretores de imóveis

Esse é uma excelente aplicação da Ressonância, porque além do trabalho com o corretor, pode-se aplicar a Ressonância no imóvel em si. Seja casa, seja edifício, seja fazenda etc.

Mudando-se o campo eletromagnético do local, muda-se a atração que ele exerce. É, também, por isso que os corretores vendem e os imóveis atraem compradores inevitavelmente. Não existe imóvel impossível de ser vendido. Basta trocar seu magnetismo.

Não existe um único caso, na nossa experiência, de um imóvel não ser vendido quando fizemos esse trabalho. Deve-se salientar que normalmente só nos chegam casos "invendáveis". Quando não há esperança de vender é que nos trazem o imóvel para ser vendido.

Imóveis construídos em locais com "energia negativa", isto é, com polaridade invertida, são sempre um problema comercialmente falando. Por exemplo, edifícios de apartamento extremamente difíceis de serem vendidos. Como um edifício de 36 apartamentos que, pelo menos seis meses depois de construído, ainda não haviam vendido nenhum apartamento. As pessoas chegavam à porta do prédio e voltavam. Sempre que isso acontece existe um problema de energia eletromagnética no local. Tudo que é extremamente difícil de vender tem algum problema desse tipo. Resolvendo-se o problema energético, será vendido em pouco tempo.

Advocacia

Todas as habilidades de um Advogado de sucesso podem ser implantadas. Principalmente o controle emocional, oratória, capacidade de análise, estratégias etc.

No caso do Exame de Ordem, o controle emocional é de extrema importância. Também na advocacia, Informação é a chave do sucesso.

Esportes

Todos os esportes podem ser trabalhados com a Ressonância Harmônica. Todas as qualidades e capacidades podem ser implantadas nos atletas.

Vejamos alguns casos:

Futebol

No caso de futebol, temos vários clientes jogadores. Um desses clientes, jogador de time grande, teve em um mês o seu trabalho reconhecido na mídia, pois nas palavras dele: "Eu antes pensava em fazer cinco jogadas antes de a bola chegar em mim, mas agora eu faço a sexta jogada que nunca faria antes". Isso porque agora ele tem o Arquétipo do Jogador de Futebol. O Ser Perfeito jogando futebol. Isso é a atitude e a capacidade do craque, do gênio.

Vôlei

Uma levantadora de nível excelente fez trabalho para melhorar ainda mais seu rendimento. Precisavam vencer um adversário de nível extremamente alto e isso era difícil. Em um mês conseguiram vencê-los. Faltava o Arquétipo da Levantadora de Vôlei e isso fez a diferença. Notem que estamos falando de casos de níveis de excelência suprema e adversários extremamente difíceis de vencer.

Vestibulares

Cliente que estava fazendo pela terceira vez o cursinho de Medicina, ficando sempre em milésimo lugar no vestibular. Quando só existem 100 vagas. A cliente já estudava sete dias por semana e tinha notas máximas no cursinho. Portanto, já estava dando o melhor de si. Faltava por assim dizer: "50 metros para o topo do Everest". Com a Ressonância entrou em três faculdades. Esse trabalho começou seis meses antes do vestibular.

Temos outro caso em que nos procuraram 17 dias antes do vestibular. Também passou no exame.

Artes

Um violinista nos pediu o Arquétipo do Violinista do período clássico barroco de 1700. Foi fornecido e isso fez a diferença nos exames do conservatório. Esse cliente está formado em Música.

Cantora que lota o bar onde atua e, seis meses depois, está no palco principal de importante casa noturna.

Negócios

Em qualquer negócio, a aplicação da Ressonância pode ser um sucesso. Porque como se diz popularmente: "as portas se abrem" quando se trabalha com energia magnética.

Imagine um empresário que não tem travas mentais e emocionais que atrapalhem sua produtividade. Focado nos resultados. Com grandes metas. Que adora desafios. Atraindo oportunidades sem cessar. Batendo seus próprios recordes, pois ninguém melhor do que nós mesmos para nos desafiar ao máximo.

Dessa maneira as oportunidades aparecem sem cessar e o grau de eficiência é tão grande que nada é perdido. Passa-se a delegar para pessoas, também, comprometidas com o sucesso e a realização.

Ressalto que é possível criar um campo de energia favorável ao sucesso de todos, numa atitude de ganha-ganha.

Isso tudo é possível porque existe o Arquétipo de Empresário de Sucesso. Para se ter sucesso nos negócios, é preciso pensar e sentir como um grande empresário. E não é tão simples. Não basta ter o conhecimento intelectual do negócio, é preciso ter o emocional de um grande empresário. Isso não está em livros ou cursos. Porém, existe essa Informação e ela está disponível.

Como não haveria sucesso se é possível trocar toda a energia da empresa? Só por uma tremenda autossabotagem isso aconteceria.

A Ressonância é para aquelas pessoas que realmente querem sucesso e estão comprometidas com seus objetivos.

É importante ressaltar que estar em "fluxo" é vital para ter sucesso nos negócios. Esse "fluxo" também pode ser implantado e desenvolvido.

Vejamos alguns casos hipotéticos.

Suponha que você desenvolva um produto inovador ou revolucionário e queira implantá-lo no mercado. Somente com os pensamentos e sentimentos corretos (a frequência correta) isso será possível. É preciso passar pela transformação pessoal até chegar ao nível exato em que a sua frequência atraia. Caso haja a mínima resistência ao processo, este sofrerá atrasos consideráveis até que isso seja resolvido.

Nunca é demais ressaltar que tudo que emanamos, seja mental, seja emocional, volta inevitavelmente para nós. Existe um campo eletromagnético que garante isso. Às vezes mudar os tipos de pensamento e sentimento leva um tempo e é necessário ter calma e paciência para atingir o nível perfeito. Qualquer tentativa de dar um "jeitinho" no processo será desastrosa e pura perda de tempo. A verdade da frequência aparecerá mais cedo ou mais tarde. Por isso é preciso fazer um trabalho real, honesto e verdadeiro para que os resultados aconteçam.

Perceber a realidade não é fácil e simples. Vide o que foi explicado sobre o *Holodeck*.

Suponha que você já tem uma empresa grande com milhares de funcionários e vendedores. É possível aumentar suas vendas num ritmo acelerado e consistente, atuando-se sobre o magnetismo e competência dos funcionários. Para conquistar novas fatias do mercado é preciso que a frequência emanada não sofra grandes oscilações. Sempre devemos atentar para a questão da autossabotagem. Se isso não é resolvido, mais cedo ou mais tarde, virá à tona. O nível da autossabotagem é resultado do ***imprinting*** feito na pessoa em algum ponto da sua vida. Resolver isso é fundamental, pois senão ele aparecerá quando menos se espera.

Vale ressaltar que tudo aquilo que falamos, pensamos e sentimos emite determinada frequência que atrai seu semelhante inevitavelmente.

Por esses exemplos hipotéticos, você pode chegar à conclusão de que o crescimento pode ser o normal, desde que saibamos como usar a Informação e sejamos coerentes com o que pedimos. No mundo dos negócios, o magnetismo reina absoluto. Tudo é venda e toda venda é magnética.

Logistas

Imagine mudar todo o magnetismo de sua loja.

Imagine todos os seus vendedores alegres, otimistas, focados, felizes, centrados, equilibrados e com sucesso absoluto.

Utopia, ficção? Não, isso é possível quando se trabalha com Ressonância Magnética. Nada é impossível.

O magnetismo que existe na loja é fundamental para o sucesso comercial. O magnetismo atrai os clientes. Eles sentem um campo magnético forte e poderoso. É claro que, na linguagem popular, eles falam que a loja tem "energia" boa. E é verdade, porque estamos falando de Energia Eletromagnética. Portanto, quando se limpa o local de energias "negativas", isto é, com polaridade invertida, todos se sentem bem. E se reflete nas vendas.

Relacionamentos

Nos relacionamentos o efeito é impressionante, pois o campo magnético da pessoa é mudado para uma atração positiva e em pouco tempo a pessoa começa a atrair outras. Isso também muda a produção de dopamina e a pessoa "brilha" e atrai. Os relacionamentos que não têm mais sentido desaparecem e novos são atraídos. As amizades mudam para o novo estado de frequência da pessoa.

Dessa forma, atraímos pessoas sem cessar e aí acaba o problema de como achar um relacionamento.

Nós atraímos aqueles que têm afinidade conosco, pela frequência em que vibram, pelos seus pensamentos e sentimentos. Elevando esses pensamentos e sentimentos, estamos num patamar mais alto de vibração e atraímos melhores pessoas. Aliando-se ao conhecimento de como funciona o amor e os Arquétipos, torna-se muito simples conquistar o amor que se deseja. Isso tudo sem ferir ninguém e respeitando o desejo de cada um. Lembre-se de que é dando que se recebe. Amar incondicionalmente é o que mais atrai em qualquer pessoa.

O amor é a essência do Universo e tudo é feito de amor. Os físicos ainda descobrirão como funciona essa energia, mas talvez não deem o nome de amor para ela. De qualquer forma, o amor ressurge sempre porque ele é a nossa essência. Dessa maneira, ele nunca deixa de existir e renasce sempre. É por isso que sempre procuramos amar e ser amados. É uma questão vital para nós, porque, sem isso, fenecemos.

Resolver casos de "amarração"

Esse é outro tipo de situação muito comum e lamentável. Pessoas que não aceitam uma realidade e que não sabem como conquistar amorosamente outra, apelam para recursos negativos. Esse é o caso de emaranhamento quântico de forma negativa. Isso não funciona permanentemente e suas consequências são nefastas, mas isso não impede que as pessoas o façam ou procurem alguém que faça. Como os inúmeros anúncios colocados em postes pelas cidades mostram que existe grande demanda para esse tipo de "serviço".

Também é possível desfazer essa "amarração" e libertar a pessoa para sempre. Temos vários casos desse tipo e todos com sucesso.

Libido

Como tudo é Informação e Energia, o que se chama libido é pura energia. Logo, Informação. Essa Informação, também, pode ser acessada e transferida. Isso significa que todos podem dispor da libido que desejam. Aumentada, diminuída etc. Infinitas possibilidades.

Yin/Yang

Nos relacionamentos as polaridades *Yin* e *Yang* são complementares. Quando se tem essa complementaridade equilibrada, forma-se um campo de atração magnética, que atrai com extrema facilidade o que desejamos.

É como um ímã formado pelas duas pessoas. É necessário que haja um campo em funcionamento com alguém.

As possibilidades de formação de um campo são infinitas e podem ser de diversas maneiras. Quando não há campo, a pessoa precisa estar equilibrada em si mesma, nas energias *Yin* e *Yang* para ela mesma formar um campo em si mesma. Normalmente isso não ocorre, portanto é preciso formar com alguém.

Esse equilíbrio pode ser implantado, aumentado, equilibrado, sendo extremamente importante que ele seja conseguido. Qualquer impossibilidade de formar campo com o outro, acarretará inúmeros problemas tanto no relacionamento quanto em outras áreas da vida.

Lembrando que *Yin* é Informação, *Yang* é Informação. E o ideal é que sejamos equilibrados contendo as duas energias. Isso pode ser conseguido com a Informação correta.

Resolvendo separações

Talvez essa seja a aplicação mais importante da ferramenta, devido ao alto grau de sofrimento que, normalmente, está associado às perdas amorosas.

Na vida, é inevitável que uma vez ou outra aconteça pelas mais diversas razões, que não cabe neste livro analisar. O importante é que esse sofrimento pode ser minimizado tanto no seu grau de profundidade quanto na duração do problema.

Todo sentimento é resultado de um delicado equilíbrio bioquímico cerebral. Neurotransmissores e hormônios. Alterando-se esse equilíbrio, o sentimento muda instantaneamente. Isto é, o sofrimento desaparece rapidamente. Muda-se o ***imprinting***.

Dessa forma, todos os dramas associados às separações poderiam ser evitados. O normal é a felicidade, o amor, a evolução, o crescimento, a prosperidade, a saúde etc. Isso tudo é possível, pois em última instância é tudo pura Informação.

Conquistar com Arquétipos

Conquistar é despertar no outro o sentimento de amor, paixão, desejo. Tudo isso pode ser explicado de muitas formas, mas uma delas, com certeza, é a bioquímica cerebral. Existe sempre uma explicação bioquímica para o que sentimos.

Isso pode ser acelerado com a troca de Informações entre as pessoas.

Quando conversamos estamos trocando informações o tempo todo.

Cada Arquétipo tem uma Informação específica, bem como determinada frequência. Essa Informação é o estímulo que gera a produção de determinado neurotransmissor ou hormônio. Modulando-se os vários agentes bioquímicos é possível acelerar o aparecimento das emoções e sentimentos desejados, tanto no outro como em nós. Esse conhecimento é o "estado da arte" da conquista. É pura Arte.

Suicidas

Inúmeras pessoas com tendências suicidas foram recuperadas por meio de uma mudança de visão de mundo. Inclusive pessoas com três tentativas de suicídio (com pulsos cortados). Basta restaurar a vontade de viver, a alegria, que o problema está resolvido.

O número de suicídios deveria ser mínimo ou zero. Porém, hoje temos no mundo quase um milhão de suicídios por ano! Tudo isso poderia ser evitado se as pessoas tivessem acesso à Informação.

Experienciando Tudo-Que-Existe

Podemos fazer uma conexão direta com o Todo através das Informações que trocamos com Ele.

Essa é a maior realização, o maior prazer que existe. Isso permite que entremos em fase, fundindo-nos numa experiência cósmica inigualável. Tudo está vivo. Tudo está vibrando. Tudo é onda. Tudo é consciência. Tudo é informação. Tudo é energia. Tudo está interconectado. Tudo é sagrado. Tudo que existe é Ele. Transcendente e Imanente ao mesmo tempo. Tudo é possível porque tudo é energia. O livre-arbítrio existe porque Tudo-Que-Existe não pode se restringir. Tem de se expandir infinitamente em todas as possibilidades infinitas. Evoluindo e expressando-se em infinitas formas e maneiras; multidimenssional, em Universos paralelos e multiversos.

Podemos ter essa experiência se quisermos. Ela está disponível. Tudo é Informação. Você pode experienciar tudo.

Você escolhe.

Conclusão

Como esse é um processo revolucionário, leva tempo para ser entendido quando se tem contato pela primeira vez com essa tecnologia. No futuro, isso será usado normalmente por todas as pessoas em inúmeras áreas de atuação humana.

Os exemplos e as possibilidades listados aqui são apenas uma pequena parte das possibilidades de aplicação nas áreas de atuação humana. Tudo pode ser beneficiado, resolvido, melhorado, com o uso da Informação correta. Esse é um Universo de pura Informação, que nunca se perde. Portanto, tudo evolui e se torna mais e mais complexo a cada instante pelo acréscimo de Informação constante e infinita que acontece todo o tempo. Isso permite gerar uma Consciência cada vez mais complexa e infinita em todas as direções.

Quando entramos em "fase" com essa Consciência, trocamos informações sem cessar e nos acrescentamos dessa Informação e acrescentamos a nossa a ela.

O ferramental para isso já está disponível para aqueles que querem um crescimento acelerado em todos os sentidos.

Sempre fica com a pessoa a última palavra sobre o quanto ela quer evoluir e que informações quer assimilar. Em termos práticos, não existe qualquer limite para isso. E quando falamos de informação estamos falando sobre tudo que existe em todos os sentidos, conforme explicado antes.

Você pode aumentar a complexidade da sua consciência o quanto quiser, mudando a frequência que emite para o Universo. Quando fizer isso passará a manifestar os seus desejos com facilidade e isso significará libertar-se totalmente dos condicionamentos.

Fica à disposição dos que desejam atingir o máximo de realização em suas vidas.

Temos infinitas possibilidades.

Bibliografia

ABDALLA, Maria Cristina Batoni. ***O Discreto Charme das Partículas Elementares***. Editora Unesp.

ALMEIDA, Hamilton. ***Padre Landell de Moura***. Editora Record.

ANDRADE, Hernani Guimarães. ***PSI Quântico***. Pensamento.

ANDREETA, José Pedro. ***Quem se atreve a ter certeza?*** Mercúrio.

BADCOCK, Christopher. ***The Imprinted Brain***. Jessica Kingsley Publishers.

BARRAL, Jean-Pierre e Alain Croibier. ***Manipulaciones de los nervios periféricos***. Elsevier Masson.

BEARDEN, Thomas. ***Clean Electrical Energy from the Active Vacuum***.

________. ***On Extracting Electromagnetic Energy from the Vacuum***.

________. ***Energy from de Vacuum, Concepts e Principles***. Cheniere Press.

________. ***Free Energy Generation, 20 Bedini-Bearden Years, Circuits & Schematics***. Cheniere Press.

________. ***Gravitobiology – A new biophysics***.

________. ***The final secret of free energy***.

________. ***The New Tesla Electromagnetics and the Secrets of Electrical Free Energy***.

BECKER, Robert O. ***The Body Electric***. Harper.

BENTOV, Itzhak. ***À Espreita do Pêndulo Cósmico***. Editora Cultrix, SP.

BERENDT, Joachim-Ernst. ***Nada Brahma***. Ed. Cultrix.

BLUDORF, Franz; Grazyna Fosar. ***Vernetzte Intelligenz***. Editora Omega

Verlag.

BODANIS, David. ***O Universo Eléctrico***. Ed. Gradiva.

BOHM, David. ***A Totalidade e a Ordem Implicada***. Ed. Cultrix.

BRADEN, Gregg. ***A Matriz Divina***. Ed. Cultrix.

________. ***O Efeito Isaías.*** Ed. Cultrix.

________. ***O Código de Deus.*** Ed. Cultrix.

BRODY, David Eliot. ***As Sete Maiores Descobertas Científicas da História***. Companhia de Bolso.

CAPRA, Fritjof. ***As Conexões Ocultas***. Ed. Cultrix.

________. ***O Tao da Física***. Ed. Cultrix.

CHILDRESS, David Hatcher. ***As Fantásticas Invenções de Nikola Tesla***. Ed. Madras.

CHOPRA, Deepak. ***A Cura Quântica***. São Paulo: Best Seller.

COLE, K.C. ***Primeiro você constrói uma nuvem***. Editora Record.

________. ***O Universo e a Xícara de Chá***. Ed. Record.

COUTO, Hélio. ***Marketing e Arquétipos***. Linear B Editora.

DAMÁSIO, Antonio R. ***O Erro de Descartes***. Companhia das Letras.

DAVIDSON, John. ***Energia Sutil***. Pensamento.

DOSSEY, Larry. ***Espaço, Tempo e Medicina***. Ed. Cultrix.

FERRIS, Timothy. ***O céu da mente***. Editora Campus.

FEYNMAN, Richard P. ***Física em 12 lições***. Ediouro.

FORD, Kenneth W. ***The Quantum World***. Harvard University Press

FOREM, Jack. ***Quem Somos Nós?*** Prestígio Editorial.

FOX, Matthew; Sheldrake, Rupert. ***A Física dos Anjos***. Ed. Aleph.

GAMOW, George. ***Biografia de La Física***. Alianza Editorial.

________. ***O Novo Mundo do Sr. Tompkins***. Gradiva.

________. ***O Incrível Mundo da Física Moderna***. Ibrasa.

GARDNER, James. ***O Universo Inteligente***. Cultrix.

GILMORE, Robert. ***Alice no País do Quantum***. Rio de Janeiro: Jorge Zahar Editor.

GILMORE, Robert. ***O Mágico dos Quarks***. Jorge Zahar Editor.

GLEICK, James. ***Caos***. Ed. Campus.

GLEISER, Marcelo. ***Criação Imperfeita***. Editora Record.

________. ***Mundos Invisíveis***. Editora Globo.

________. ***A Dança do Universo***. Companhia das Letras.

GOSWAMI, Amit. ***O Médico Quântico***. São Paulo: Cultrix.

________. ***O Universo Autoconsciente***. São Paulo: Editora Aleph.

________. ***Deus não está morto***. Ed. Aleph.

________. ***Criatividade Quântica***. Ed. Aleph.

________. ***O Médico Quântico***. Ed. Cultrix.

________. ***A Janela Visionária***. Ed. Cultrix.

________. ***A Física da Alma***. Ed. Cultrix.

________. ***Evolução Criativa das Espécies***. Aleph.

________. ***O Ativista Quântico***. Aleph.

GREENE, Brian. ***O Tecido do Cosmo***. Ed. Companhia das Letras.

________. ***O Universo Elegante***. Companhia das Letras.

GROF, Stanislav. ***A Aventura da Autodescoberta***. Summus Editorial.

________. ***A Mente Holotrópica***. Editora Rocco.

________. ***A Tempestuosa Busca do Ser***. Editora Cultrix.

________. ***Além do Cérebro***. Editora McGraw-Hill.

________. ***Emergência Espiritual***. Editora Cultrix.

________. ***O Jogo Cósmico***. Editora Atheneu Cultura.

________. ***Psicologia do Futuro***. Editora Heresis.

HAISCH, Bernard. ***The God Theory***. Reed Wheel/Weiser, LLC.

HARPER, John Jay. ***Tranceformers***. Reality Press.

HAWKING, Stephen; Penrose, Roger. ***A Natureza do Espaço e do Tempo***. Editora Gradiva.

________. ***George e o Segredo do Universo***. Ediouro.

________. ***O Universo numa Casca de noz***. Mandarim.

HEISENBERG, Werner. ***A Parte e o Todo***. Contraponto.

________. ***Física & Filosofia***. Editora UnB.

HERBERT, Nick. ***The Quantum Reality***. Anchor Books.

ISAACSON, Walter. ***Einstein sua Vida, seu Universo***. Companhia das Letras.

JUNG, Carl Gustav. ***Obras Completas***. Vozes.

KAFATOS, Menos; Kafatou, Thalia. ***Consciência e Cosmos***. Ed. Teosófica S/C.

KAFATOS, Menos; Nadeau, Robert. ***The Non-local Universe***. Oxford University Press.

KAKU, Michio. ***Visões do Futuro***. Rocco.

________. ***Mundos Paralelos***. Rocco.

________. ***Hiperespaço***. Rocco.

KUHN, S. Thomas. ***O Caminho desde a Estrutura***. Editora Unesp, SP.

KUHN, Thomas S. ***A Estrutura das Revoluções Científicas***. Perspectiva.

KORZYBSKI, Alfred. ***TIME-BINDING: The General Theory***. E. P. Dutton & Company, NY.

KORZYBSKI, Alfred. ***Science and Sanit***. Editora General Semantics.

KRIPPNER, Stanley. ***Possibilidades Humanas***. Francisco Alves.

LASZLO, Ervin. ***A Ciência e o Campo Akáshico***. Ed. Cultrix.

________. ***La Ciência y El campo Akásico***. Ediciones Nowtilus.

________. ***Nas Raízes do Universo***. Ed. Inst. Piaget.

LAUGHLIN, Robert B. ***Um Universo Diferente***. Ed. Gradiva.

LEDOUX, Joseph. ***O Cérebro Emocional***. Objetiva.

LINDESAY, James; SUSSKIND, Leornard. ***An Introduction to Black Holes, Information and the String Theory Revolution: The Holographic Universe***. World Scientific Publishing Company, 2004.

LIPTON, Bruce H. ***A Biologia da Crença***. Editora Butterfly.

MCTAGGART, Lynne. ***O Campo***. Ed. Rocco.

MAGUEIJO, João. ***Mais Rápido que a Velocidade da Luz***. Editora Record.

MARKOV, Marko S. ***Bioelectromagnetics Current Concepts***. Springer, The NATO Programme for Security through Science.

NATALE, Adriano A. ***O Universo Sem Mistério***. Vieira & Lent.

NICOLSON, Lain. ***Gravidade, Buracos Negros e o Universo***. Editora Francisco Alves.

OSBORN, Alex F. ***O Poder Criador da Mente***. Ibrasa.

OSCHMAN, James. ***Energy Medicine in Theurapeutics and Human Performance***. Elsevier Science.

________. ***Energy Medicine***. Churchill Livingstone.

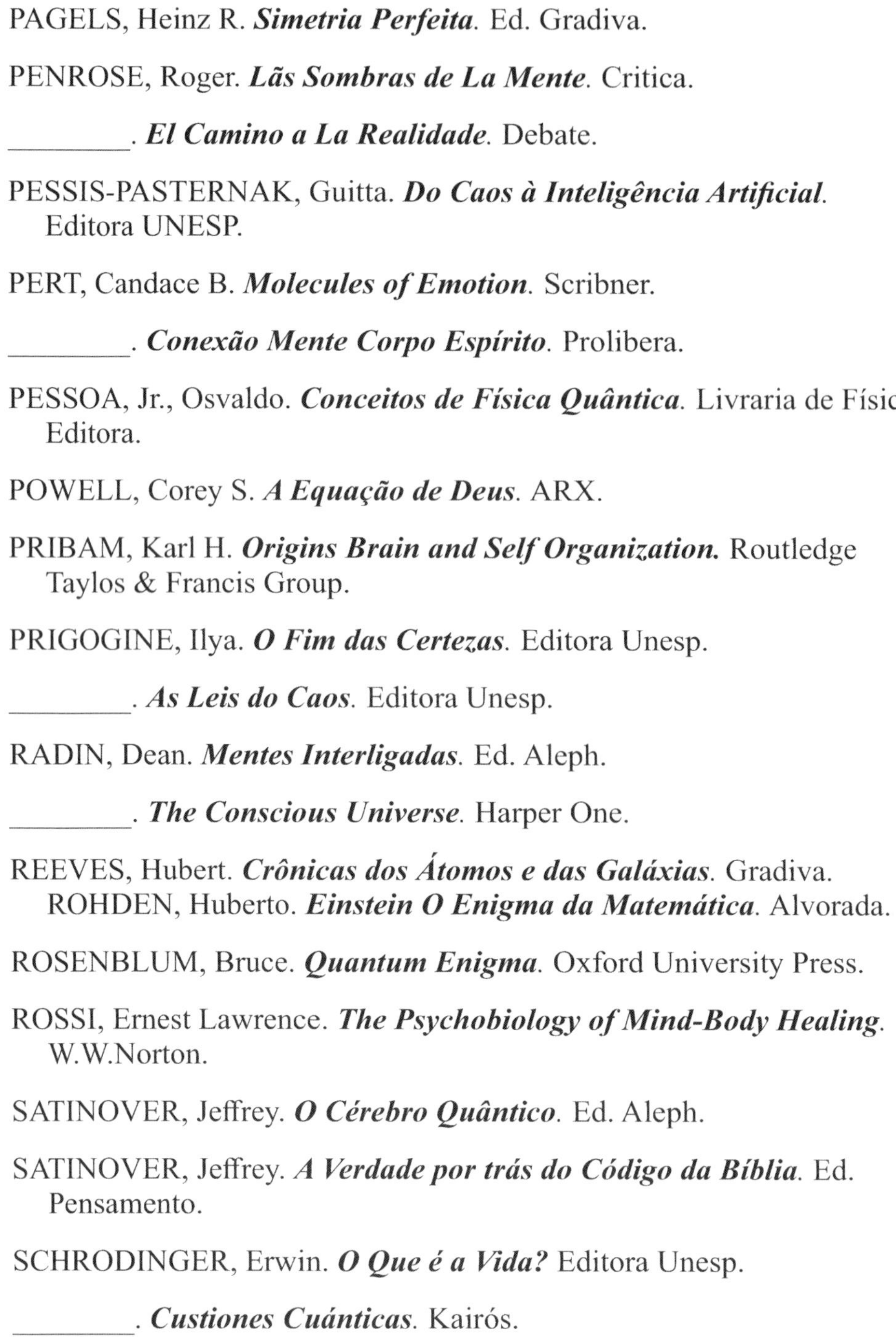

PAGELS, Heinz R. ***Simetria Perfeita***. Ed. Gradiva.

PENROSE, Roger. ***Lãs Sombras de La Mente***. Critica.

________. ***El Camino a La Realidade***. Debate.

PESSIS-PASTERNAK, Guitta. ***Do Caos à Inteligência Artificial***. Editora UNESP.

PERT, Candace B. ***Molecules of Emotion***. Scribner.

________. ***Conexão Mente Corpo Espírito***. Prolibera.

PESSOA, Jr., Osvaldo. ***Conceitos de Física Quântica***. Livraria de Física Editora.

POWELL, Corey S. ***A Equação de Deus***. ARX.

PRIBAM, Karl H. ***Origins Brain and Self Organization.*** Routledge Taylos & Francis Group.

PRIGOGINE, Ilya. ***O Fim das Certezas***. Editora Unesp.

________. ***As Leis do Caos***. Editora Unesp.

RADIN, Dean. ***Mentes Interligadas***. Ed. Aleph.

________. ***The Conscious Universe***. Harper One.

REEVES, Hubert. ***Crônicas dos Átomos e das Galáxias***. Gradiva.
ROHDEN, Huberto. ***Einstein O Enigma da Matemática***. Alvorada.

ROSENBLUM, Bruce. ***Quantum Enigma***. Oxford University Press.

ROSSI, Ernest Lawrence. ***The Psychobiology of Mind-Body Healing***. W.W.Norton.

SATINOVER, Jeffrey. ***O Cérebro Quântico***. Ed. Aleph.

SATINOVER, Jeffrey. ***A Verdade por trás do Código da Bíblia***. Ed. Pensamento.

SCHRODINGER, Erwin. ***O Que é a Vida?*** Editora Unesp.

________. ***Custiones Cuánticas***. Kairós.

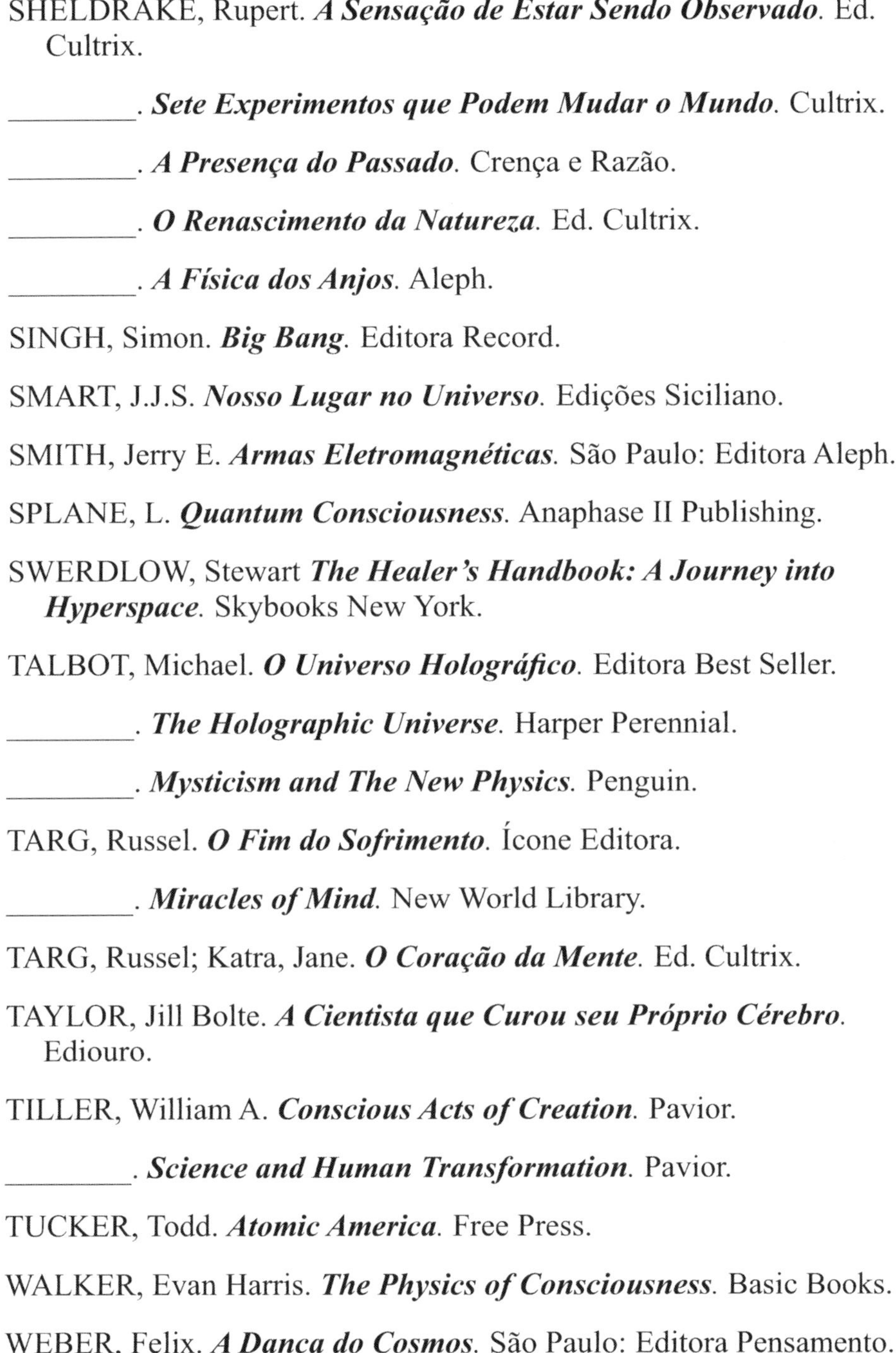

SHELDRAKE, Rupert. ***A Sensação de Estar Sendo Observado***. Ed. Cultrix.

________. ***Sete Experimentos que Podem Mudar o Mundo***. Cultrix.

________. ***A Presença do Passado***. Crença e Razão.

________. ***O Renascimento da Natureza***. Ed. Cultrix.

________. ***A Física dos Anjos***. Aleph.

SINGH, Simon. ***Big Bang***. Editora Record.

SMART, J.J.S. ***Nosso Lugar no Universo***. Edições Siciliano.

SMITH, Jerry E. ***Armas Eletromagnéticas***. São Paulo: Editora Aleph.

SPLANE, L. ***Quantum Consciousness***. Anaphase II Publishing.

SWERDLOW, Stewart ***The Healer's Handbook: A Journey into Hyperspace***. Skybooks New York.

TALBOT, Michael. ***O Universo Holográfico***. Editora Best Seller.

________. ***The Holographic Universe***. Harper Perennial.

________. ***Mysticism and The New Physics***. Penguin.

TARG, Russel. ***O Fim do Sofrimento***. Ícone Editora.

________. ***Miracles of Mind***. New World Library.

TARG, Russel; Katra, Jane. ***O Coração da Mente***. Ed. Cultrix.

TAYLOR, Jill Bolte. ***A Cientista que Curou seu Próprio Cérebro***. Ediouro.

TILLER, William A. ***Conscious Acts of Creation***. Pavior.

________. ***Science and Human Transformation***. Pavior.

TUCKER, Todd. ***Atomic America***. Free Press.

WALKER, Evan Harris. ***The Physics of Consciousness***. Basic Books.

WEBER, Felix. ***A Dança do Cosmos***. São Paulo: Editora Pensamento.

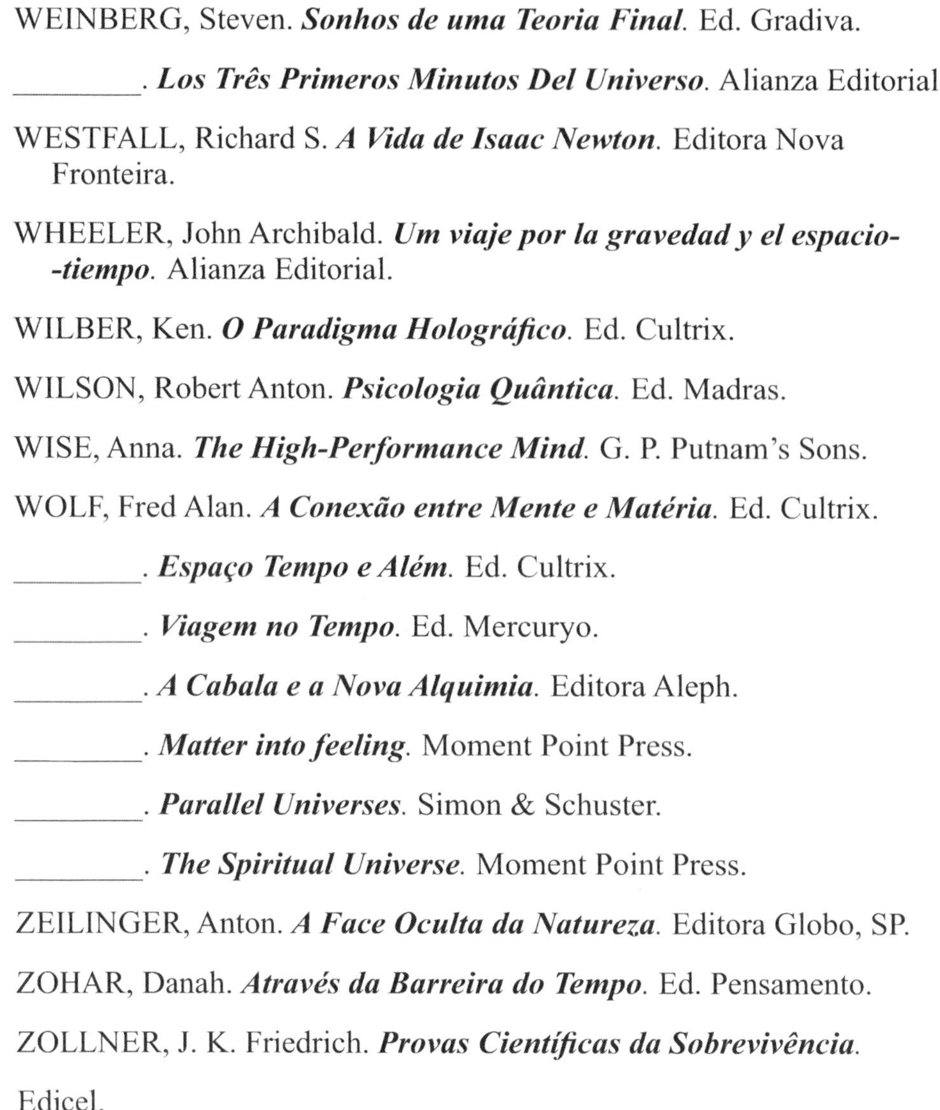

WEINBERG, Steven. ***Sonhos de uma Teoria Final***. Ed. Gradiva.

________. ***Los Três Primeros Minutos Del Universo***. Alianza Editorial.

WESTFALL, Richard S. ***A Vida de Isaac Newton***. Editora Nova Fronteira.

WHEELER, John Archibald. ***Um viaje por la gravedad y el espacio--tiempo***. Alianza Editorial.

WILBER, Ken. ***O Paradigma Holográfico***. Ed. Cultrix.

WILSON, Robert Anton. ***Psicologia Quântica***. Ed. Madras.

WISE, Anna. ***The High-Performance Mind***. G. P. Putnam's Sons.

WOLF, Fred Alan. ***A Conexão entre Mente e Matéria***. Ed. Cultrix.

________. ***Espaço Tempo e Além***. Ed. Cultrix.

________. ***Viagem no Tempo***. Ed. Mercuryo.

________. ***A Cabala e a Nova Alquimia***. Editora Aleph.

________. ***Matter into feeling***. Moment Point Press.

________. ***Parallel Universes***. Simon & Schuster.

________. ***The Spiritual Universe***. Moment Point Press.

ZEILINGER, Anton. ***A Face Oculta da Natureza***. Editora Globo, SP.

ZOHAR, Danah. ***Através da Barreira do Tempo***. Ed. Pensamento.

ZOLLNER, J. K. Friedrich. ***Provas Científicas da Sobrevivência***.

Edicel.

Sites relacionados

Como é o átomo: https://pt.wikipedia.org/wiki/Atomo

Military Applications of Post-Quantum Physics Jack Sarfatti:

https://arxiv.org/abs/1807.09599

Tom Bearden Website http://www.cheniere.org/

***Site* sobre Nicola Tesla** http://www.tfcbooks.com/default.htm

Eletromagnetismo

http://pt.wikipedia.org/wiki/Electromagnetismo

https://www.ufsm.br/cursos/graduacao/santa-maria/fisica/2020/02/21/leis-do-eletromagnetismo/

http://www.if.usp.br/gref/eletromagnetismo.html

Bio-physical Information Therapy

http://www.bit-org.de/

Physical Review Letters http://prl.aps.org/

Mind and Matter

An international interdisciplinary journal of mind-matter research

http://www.mindmatter.de/

Esta obra foi composta em Minion Pro e impressa sob
demanda em sistema digital. Corresponde ao consumo de 2,1
árvores reflorestadas sob a norma ISO 14.001.

Made in United States
Orlando, FL
04 April 2025